EL REFRANERO

© Gabriel Manso Carvajal, 2023

© De la presente edición: Ediciones Beta III Milenio, S.L. 2023
Avda. Ramón y Cajal, 35. 48014 Bilbao
Tel.: 94 476 11 55
edicionesbeta@edicionesbeta.com
www.edicionesbeta.com

ISBN: 978-84-19227-42-3
D.L.: BI-01419-2023

Realización técnica: Ediciones Beta III Milenio, S.L. Printed in Spain.

EL REFRANERO

Dos mil refranes creados por

Gabriel Manso

EL
RE
FRA
NERO

Dos mil
refranes
creados por

Gabriel Manso

1   Este libro encierra en su escrito algunos tesoros,
    encuentra el tuyo, que te valdrá más que el oro.

ಬಂ

2   Un sueño cumplido es como un amor rendido,
    que se muestra siempre sumiso y agradecido.

ಬಂ

3   El primer amor nunca se olvida,
    pero por mucho que lo recuerdes, tampoco te arregla la vida;
    ¡solo te queda de él, una nostalgia jodida!

ಬಂ

4   Si quieres saber cómo del mal me libro,
    ábreme, que yo soy tu libro.

ಬಂ

5   En este libro encontrarán más pareados
    que tabiques tiene un palacio;
    si no, mírenlo o léanlo despacio.

ಬಂ

6   La paz es una palabra que casi todo el mundo persigue,
    pero tenerla siempre, poca gente consigue.

ಬಂ

7   Hablar, hablar mucho y hacer poco
    es como enhebrar muchas agujas para coser muy poco.

ಬಂ

8   De Dios viene la bendición y del diablo la perdición
    y del primer amor la locura del corazón.

ಬಂ

9   Cuando tienes un sueño y no lo realizas,
    siempre está la memoria dándote la paliza.

                        ☙❧

10 Las olas son las hijas de la mar
    y cuando la madre se enfada ellas vienen y van.

                        ☙❧

11 Los refranes que yo hago son de relevo
    porque siempre tiene que haber algo inédito y nuevo.

                        ☙❧

12 Entre refranes, denuncias, chistes, dijes y diretes
    voy a hacer un libro mas gordo que el del mismísimo Petete.

                        ☙❧

13 Si quieres que un conflicto no se alargue demasiado
    no confíes mucho ni en jueces ni abogados.

                        ☙❧

14 No quiero la extremaunción, aunque por ti me esté muriendo,
    porque si me la dan poco tiempo te seguiré queriendo.

                        ☙❧

15 Quien no deja a tiempo un vicio
    se le puede convertir en oficio
    y más tarde en suplicio.

                        ☙❧

16 El que observa mucho y solo habla cuando está enfadado,
    no es buen dialogante por lo mucho que ha callado.

                        ☙❧

17 La confianza es un indicativo de seguridad;
    la desconfianza es el miedo a la adversidad.

                        ☙❧

18 El que desafina mucho con su instrumento,
que se busque otro trabajo o entretenimiento.

⁊⃝⃛ᚖ

19 La juventud aprecia menos los tesoros,
porque ella ya es un tesoro por sí misma.

⁊⃝⃛ᚖ

20 No para todos es fatal el número trece,
porque para la presión arterial ese número mucho merece.

⁊⃝⃛ᚖ

21 Compré (BIC), bolígrafo de garantía,
mejor y más barato, en la vida lo encontraría.

⁊⃝⃛ᚖ

22 El que se deje comer el bolo,
se quedará ensimismado y solo.

⁊⃝⃛ᚖ

23 Piénsatelo bien antes de aceptar un consejo,
si viene de un joven y no de un viejo.

⁊⃝⃛ᚖ

24 La violencia es el refugio de los impotentes.

⁊⃝⃛ᚖ

25 La guerra no tiene muchos secretos,
porque se mata sin piedad y sin respeto,
como si el ciudadano fuera un mero mamotreto.

⁊⃝⃛ᚖ

26 El que tiene obsesión con los celos,
su mente tira por el suelo.

⁊⃝⃛ᚖ

27 Como no tengo mucha cultura, escribo siempre sencillo,
así me entienden mejor, tanto modestos como pillos.

෪ଔ

28 Quien no sea sencillo y tolere,
que no se extrañe si un día recibe lo que no quiere.

෪ଔ

29 Si no quieres verte zumbado o caído por un barranco,
no bebas con exceso vino, ni tinto ni blanco.

෪ଔ

30 Si hablas, cuando no te toca y callas cuando hablar te toca,
tu personalidad está desequilibrada y un poco loca.

෪ଔ

31 Los que dejan en herencia amor y cortijo,
buen regalo les hacen a los herederos o a los hijos.

෪ଔ

32 Los que requisen dinero del cajón o de la caja,
al patrón empobrecen y al obrero rebajan.

෪ଔ

33 Las palabras de amor no pasan de moda,
hasta en los tiempos remotos las conocían como ahora.

෪ଔ

34 El virus de la gripe nunca se ha escabullido,
para ser casi invisible, es más fuerte que un batallón unido.

෪ଔ

35 El que recobra la confianza después de una infidelidad,
es muy sanote y de mucha cordialidad.

෪ଔ

36 El amor que no se cultiva…
poco tiempo te cautiva.

ℰ꣸Ꙫ

37 El amor de muchos hombres y mujeres
se parece mucho a los balancines que van y vienen,
mientras unos se marean, otros gozan y se entretienen.

ℰ꣸Ꙫ

38 El mal de muchos, consuelo de pocos,
por eso cuando no hay amor ni trabajo, te vuelves loco.

ℰ꣸Ꙫ

39 El que llegue a viejo,
que se tranquilice y recuerde
que ya no puede llegar muy lejos.

ℰ꣸Ꙫ

40 Vivir relajado será un hecho,
si los que están a tu lado son felices bajo tu mando o techo.

ℰ꣸Ꙫ

41 Si quieres satisfacer una curiosidad,
olvídate del miedo e intenta saber la verdad.

ℰ꣸Ꙫ

42 El que cumple y agrada,
ni se queja ni se enfada.

ℰ꣸Ꙫ

43 Si eres honesto, y así lo reconoces,
no necesitarás ir pregonándolo a voces.

ℰ꣸Ꙫ

44 No se desborda un río por su caudal,
sino por el trato que el ciudadano le suele dar.

꧁꧂

45 Vive tu vida y no te metas en las ajenas,
que meterse en problemas de otros no suele ser cosa buena.

꧁꧂

46 El político sabe que por mucho que se critique y se diga,
unos seguirán comiendo jamón y otros garbanzos y migas.

꧁꧂

47 Si todo el tiempo que se pierde hablando con palabras,
lo ganáramos a fuerza de brazos,
al final todos terminaríamos fundidos en un abrazo.

꧁꧂

48 Los matrimonios que se separan
y se dan una segunda oportunidad,
suelen durar menos juntos que una comida de hermandad.

꧁꧂

49 A los jueces habrá que creerlos,
pero como no estaban allí cuando ocurrieron los hechos,
juzgan más por lo que oyen, aunque no sea lo más derecho.

꧁꧂

50 No te conviene mucho descanso ni ocio,
si no hay detrás de ti un buen negocio.

꧁꧂

51 Echa en tu trabajo las horas que se merece
y verás como tu vida se enorgullece y tu economía crece.

꧁꧂

52   Si no quiere que la publicidad lo envicie,
     créase solo la cuarta parte de lo que en ella se dice.

                              ❧

53   En la mayoría de las herencias surgen problemas,
     y es que, el que se muere, o te deja frío o te quema.

                              ❧

54   Con los fármacos hay que ser discretos,
     sus prospectos, de contraindicaciones están repletos.

                              ❧

55   Se me está agotando el tiempo, y aquí lo dejo todo,
     después de haber conocido la felicidad, el odio y el lodo.

                              ❧

56   El que entre septiembre y octubre vendimia la uva,
     de buen vino llena la cuba.

                              ❧

57   Como ya soy mayor, no encuentro trabajo,
     pero es que hay miles de jóvenes
     que tampoco lo tienen, ¡carajo!

                              ❧

58   De poco nos sirve que supervisen las cuentas del banco,
     si son siempre los mismos, los que nos llevan al barranco.

                              ❧

59   Si te gusta vivir un poco más sosegado,
     arrímate a una mujer que le guste estar a tu lado.

                              ❧

60   El que emigra de su tierra sin casa ni techo,
     hasta el camino más corto se le hará más largo y estrecho.

                              ❧

61   Si no quieres echar un día espumas por la boca,
no hagas las cosas ni a tontas ni a locas.

ഐൽ

62   El que no deja en la tierra sus huellas…
pocos beneficios ha dejado en ella.

ഐൽ

63   Si quieres bajar la presión arterial y el colesterol,
no te quedes mucho tiempo sentado, ni a la sombra ni al sol
y camina con energía y vigor.

ഐൽ

64   El éxito de curar una enfermedad
no debería estar en el medicamento,
sino en haber evitado la causa del sufrimiento.

ഐൽ

65   Bebe lo necesario y come lo justo,
verás como tu estómago no te da tantos sustos.

ഐൽ

66   Mucho baile y mucha fiesta,
y al final sueño y molestia.

ഐൽ

67   El que tiene talento y no lo demuestra
es como el que tiene mucho y no le da suelta.

ഐൽ

68   El que es sordo no oye, el que es ciego no ve
y el que lo tiene todo muchas veces anda del revés.

ഐൽ

69   La locura y el empecinamiento,
se alejan de la realidad y se acercan al sufrimiento.

ഐൽ

70   Si el mundo que te rodea no es tan grato como deseas,
tu vida se convertirá en una constante pelea.

ഇ൚ങ

71   Nada hay exagerado
si tiene cabida donde se ha colocado.

ഇ൚ങ

72   No hay palabra que tan mal suene,
que aquella que oír no te conviene.

ഇ൚ങ

73   El que no sabe cómo vivir su vida,
su capacidad tiene un poco perdida.

ഇ൚ങ

74   El que se amolda a lo que tiene,
con ello goza y se entretiene.

ഇ൚ങ

75   El tiempo que pasa no vuelve,
pero a los que vienen detrás se lo devuelven.

ഇ൚ങ

76   El que quiera gastar menos dinero en medicina,
que haga ejercicio y buen uso de la cocina.

ഇ൚ങ

77   Lo que no se fortalece
en poco tiempo envejece.

ഇ൚ങ

78   La velocidad es la prisa de la humanidad;
el que no es tan veloz y es más sosegado,
no mira tanto el reloj ni el tiempo que ha empleado.

ഇ൚ങ

79 La dirección te la indica el camino
y la necesidad y el deseo te llevarán al destino.

ဢ

80 El que lee mucho y aprende poco,
es un distraído o un loco.

ဢ

81 Yo como no leo muchos libros…
de la buena y la mala lectura me libro.

ဢ

82 Si quieres dormir bien por la noche,
date buenas caminatas y no uses tanto el coche.

ဢ

83 La Semana Santa cada año rejuvenece,
¿no será que por eso Jesús nunca envejece?

ဢ

84 Por hacerme el remolón, en la cama me he quedado,
y hasta la sábana bajera a mi cuerpo se ha pegado.

ဢ

85 ¿Dices que la causa principal de la separación con tu marido
es porque roncaba?
Yo llevo cincuenta años casada con el mío,
y el ronquido no se le acaba.

ဢ

86 Como la vida se pasa de un soplo, me gusta soplar despacio,
porque el que va muy deprisa suele tener menos espacio.

ဢ

87 El que antepone el corazón a la razón,
está lleno de sentimiento y de emoción.

೫Ꮖ᎒ಳ

88 La locura de amor es una precipitación de él mismo:
como no tiene paciencia cae en el abismo.

೫Ꮖ᎒ಳ

89 El que confía en un adivino
está más necesitado de ayuda que de agua un molino.

೫Ꮖ᎒ಳ

90 En la vida está la muerte,
y en tener vida, nuestra suerte.

೫Ꮖ᎒ಳ

91 El poeta cuenta nuestras vidas reducidas,
y el novelista largas y extendidas.

೫Ꮖ᎒ಳ

92 El tiempo no se pierde, porque siempre está con nosotros,
somos nosotros los que nos perdemos con el tiempo.

೫Ꮖ᎒ಳ

93 El que no teme a la muerte,
viéndola venir se divierte.

೫Ꮖ᎒ಳ

94 Si se conociera el futuro, como se conoce el pasado,
muchos vivirían temblando y asustados.

೫Ꮖ᎒ಳ

95 La debilidad de muchos padres, es la fortaleza de los hijos,
por eso salen muchos tan sinvergüenzas y pijos.

೫Ꮖ᎒ಳ

96 Si quieres que tus hijos no te den tantos disgustos y sofocos,
    edúcalos desde el parto poco a poco.

ഇരു

97 La oración es un consuelo y el que ora en silencio,
    no usa la palabra, porque le basta con el pensamiento.

ഇരു

98 No apuntes con el dedo, a quien va por delante
    porque si mira hacia atrás, te puede pillar infraganti.

ഇരു

99 El mejor ambientador para la casa:
    llevarse bien, mientras la vida pasa.

ഇരു

100 El ladronzuelo roba poco; el ladrón lo hace a lo grande:
    si quieres evitar las rejas,
    roba hasta las cejas;
    y todo se quedará, en habladurías y quejas.

ഇരു

101 Si quieres obtener más beneficios,
    sacrifícate más y mejora tu oficio;
    reduce tus gastos y especialmente tus vicios.

ഇരു

102 Si de verdad quieres ayudar a tu economía,
    reza o juega a la lotería;
    pero jamás te olvides del trabajo de cada día,
    es el que asegura tu bienestar y armonía.

ഇരു

103 Si alguien toca tu corazón,
que sea por fuera y con sentimientos,
porque cuando lo hacen por dentro…
el cirujano estará muy atento.

ഐരു

104 El amor es indescifrable, casi no hay quien lo entienda,
corazón y mente están en continua contienda.

ഐരു

105 La mentira simplemente no existe, por eso es mentira.

ഐരു

106 Nadie pierde el tiempo,
es el tiempo quien nos pierde a nosotros;
¡por eso no somos, como él, eternos!

ഐരു

107 El que dice toda la verdad guarda pocos secretos,
y si actúa siempre así, tendrá mucho de indiscreto.

ഐരു

108 El que puede vivir con mucho menos de lo que tiene,
debía repartir entre los necesitados los demás bienes.

ഐരു

109 Del trigo sale la harina, de la harina la masa
y de la masa el pan que por tu garganta pasa.

ഐരു

110 El relax es un descanso pasajero:
si fuese duradero,
en apuntarme sería el primero.

ഐരു

111 Si quieres hacer camino al andar,
tienes que dejar huellas al caminar,
para que el que venga detrás sepa por donde pisar.

෨ං෪

112 La verdad abre muchos caminos, la mentira solo va por uno,
si te sales de él te quedas sin ninguno.

෨ං෪

113 Si no quieres maldecir más de cincuenta veces al demonio,
no entregues en vida tu patrimonio.

෨ං෪

114 Si quieres saber cuándo dejan de pedir frailes y curas,
espera a que entren en la sepultura.

෨ං෪

115 El que tiene mucho es porque da poco,
o porque tiene ingresos a lo loco.

෨ං෪

116 La oración es un sentimiento y humillación a lo desconocido,
y eso los religiosos lo tienen bien aprendido.

෨ං෪

117 La magia es como un tesoro para la vista,
y una forma de vida para el artista.

෨ං෪

118 Estoy muy triste, al borde de la agonía;
al saber que no me quiere se agota la vida mía.

෨ං෪

119 El que trabaja su hacienda y no la abandona,
casa y cosecha aumenta y sazona.

෨ං෪

120 Una sonrisa a tiempo,
es como una bendición, sacada de tu pensamiento.

৪০৫৪

121 En la tierra hay millones de hectáreas sin trabajar,
es uno de los motivos de que a muchos les vaya tan mal.

৪০৫৪

122 Estoy aprendiendo a dialogar viendo tanta televisión,
pero oyendo las patochadas que dicen…
me considero ya un campeón.

৪০৫৪

123 Si notas que el diablo te toca,
enséñale los dientes y ábrele la boca,
que el demonio huye de los buenos como cosa loca.

৪০৫৪

124 Luchar contra lo que no conoces,
es como dar al olmo coces,
o dar al espacio voces.

৪০৫৪

125 Las ideas que te vengan a la cabeza,
no las ejecutes, si no lo haces con seriedad y nobleza.

৪০৫৪

126 Los que han luchado tanto para ganar la batalla,
no han luchado lo suficiente para poder evitarla.

৪০৫৪

127 El amor que no va por escala o etapas…
o se convierte en nada o súbitamente te atrapa.

৪০৫৪

128 El que sobrevive a una tragedia,
es como si viviese vida y media.

ഊരു

129 Todas las cosas sirven para algo,
si no le encuentro uso, para mucho no valgo.

ഊരു

130 El pájaro cuando canta, vacía tiene la garganta,
pero con su dulce trinar a sus vecinos encanta.

ഊരു

131 Si quieres que el cordel sea fuerte y seguro,
tuércelo bien, desde la punta al nudo.

ഊരു

132 El que vive de la renta por falta de dinero no se desalienta,
porque saldada tiene su cuenta.

ഊരു

133 La ilusión es un estado de optimismo:
la desilusión la puerta de entrada al abismo.
Si no quieres verte perdido, procura hacerte a ti mismo.

ഊരു

134 En el matrimonio hay tanto amor como peleas,
por eso cada uno, como sabe y puede, lo capea.

ഊരു

135 Aunque encuentres tu camino,
no sabrás cuál es tu último destino.

ഊരു

136 Al que mete más leña al fuego que la que puede quemar,
el humo resultante lo puede ahogar.

ഊരു

137 El que de su casa no sale,
dentro de ella, cura, o padece sus males.

☙❧

138 Lo que puedas aprovechar, no lo tires a la basura,
que ha costado mucho criarlo y tú haces una locura.

☙❧

139 Si ves que te vas a morir, agárrate si puedes a la vida,
y así ganarás la primera partida,
porque la última la tienes siempre perdida.

☙❧

140 El arte no se debería valorar por su ilusión a la vista,
si no por el trabajo y coste que puso el artista.

☙❧

141 Hasta lo mediocre se puede convertir en arte,
si los que lo manejan lo ponen todo de su parte.

☙❧

142 De poco les sirve a muchos ser buenos artistas,
si no tienen suficiente dinero o gran padrino a la vista.

☙❧

143 Cuando renace el amor, suele ser muy placentero,
pero como viene de rebote…
casi siempre es poco duradero.

☙❧

144 La ciencia nace de la experiencia,
y la experiencia reduce enormemente la inocencia.

☙❧

145 El Gobierno tiene dos caras, unas cosas las lleva a rajatabla
y con otras se raja sin llegar a las tablas.

☙❧

146 A mí me gusta escribir cosas claras y sencillas,
ya vendrán otros por detrás echándome las zancadillas.

୧୦୧୪

147 Hay quien tiene mucho para unos y para otros tiene poco,
que es una manera egoísta de repartir a lo loco.

୧୦୧୪

148 El que critica a otros sin esfuerzo,
no es el más indicado para el cambio o refuerzo.

୧୦୧୪

149 No huyas de lo malo, afróntalo con sabiduría,
y no tendrás necesidad de utilizar el palo cada día.

୧୦୧୪

150 El amor obsesivo disminuye el talento,
porque toda la atención se va hacia su pensamiento.

୧୦୧୪

151 Si quieres saber el valor de la semilla,
déjala que germine, y verás qué sublime maravilla.

୧୦୧୪

152 Me gusta contemplar a la mujer cuando se maquilla,
pero más por ver lo que tiene de artista que de sencilla.

୧୦୧୪

153 La mediocridad y el desprecio,
es de poca estimación y de bajo precio.

୧୦୧୪

154 No soluciona el problema la huida,
si no la lección bien aprendida.

୧୦୧୪

155   Si quieres que tu país no vislumbre malos agüeros,
trata bien a los extranjeros.

※

156   Como me han dado velas, en este entierro,
en su capilla rezo y me encierro.

※

157   Si no dices algo mejor que estarte callado,
no digas nada, y no habrá malos rumores a tu lado.

※

158   Si quieres saber si hay chicos guapos entre los turistas,
pregúntaselo a las chicas, que no los pierden de vista.

※

159   No te librarás de algún escarmiento,
si no obras con prudencia y conocimiento.

※

160   Cuántas cosas se me quedan en el tintero,
por no tener más conocimiento de lo que deseo y quiero.

※

161   Si la política no fuera tan ambigua,
no habría ni tantos partidos, ni tantas siglas.

※

162   De poco sirve que te digan que te relajes,
si no tienes para cambiar de vida o pelaje.

※

163   No hay persona que no haya alguna vez amado,
ni corazón que no se haya sentido alguna vez derrotado.

※

164 La mejor defensa contra las armas,
no utilizarlas, manteniendo la calma.

᎒᎒

165 ¡Solo de verte sufrir, yo no vivo,
porque mi fuerza se va toda contigo!

᎒᎒

166 El que no se queja mucho de lo poco que tiene,
es porque sabe muy bien lo que le conviene.

᎒᎒

167 Si utilizamos en la cocina muchos ingredientes
es porque consideramos pobre de gusto,
nuestro principal nutriente.

᎒᎒

168 ¡No son las lágrimas o el llanto, lo que produce más espanto,
sino aquellos que son diablos, y se tienen por santos!

᎒᎒

169 Confía en lo que desconoces,
siempre que confíes, en quien lo conoce.

᎒᎒

170 Si el amor no fuera ciego,
no daríamos tantos tropezones.

᎒᎒

171 El que trabaja mucho y gana poco,
está más cerca de volverse loco.

᎒᎒

172 Cuando el tomate colorea,
de vitamina C se llena y se rodea.

᎒᎒

173 Pie descalzo no gasta ni zapatilla, ni zapato,
pero se malogra con el maltrato.

༄

174 El que en tus ojos bucea,
en tu mirada de embrujo, se recrea.

༄

175 Para el Papa las reverencias, para el científico la ciencia
y para el ciudadano de a pie, larga existencia.

༄

176 Para algunos, las verdades son cosas serias,
para otros, no lo son tanto y las convierten en comedias.

༄

177 Mamá, léeme historias, no me leas cuentos,
que lo que se aprende de niño, no se borra del pensamiento.

༄

178 Las lágrimas que salen de los ojos,
a veces no tienen tanta efusión,
como aquellas que no se ven y salen del corazón.

༄

179 Deja para mañana lo que no pudiste hacer en el día,
que la noche es para dormir y levantarse con alegría.

༄

180 El ir despacio no te dará más seguridad,
pero verás las cosas con mucha más claridad.

༄

181 Don Quijote se refugiaba en su caballo y espada,
porque eran muchas las cosas que por su cabeza pasaban.

༄

182 Poca paciencia tenía Don Quijote, pero Sancho se la daría,
porque no se puede cabalgar tanto, si no hay paz y armonía.

෨ඥ

183 El que no se lava cada día los pies y los sobacos,
favor al cuerpo le hace flaco.

෨ඥ

184 El que trabaja la piel y su piel se deja,
de este mundo pronto se aleja.

෨ඥ

185 No sabemos si es más melancólico
el que recuerda sus dolores,
o el que recuerda sus viejos amores.

෨ඥ

186 La libertad no es hacer lo que uno quiera,
si no estar libre para hacer lo que debieras.

෨ඥ

187 El que se enamora más de dos veces,
lo puede hacer doce o trece.

෨ඥ

188 Es de atrevido y loco,
arrimar de golpe el hombro y no poco a poco.

෨ඥ

189 El que aconseja a otros los consejos que él necesita,
mejor que se quedara con la boca calladita.

෨ඥ

190 Según a quiénes se den los besos,
se pueden considerar fraternales o de sospecho.

෨ඥ

191 Los besos robados,
sueles ser los más tiernos, puros y deseados.

ℬ℘ℭ

192 Si la felicidad se comprara el rico la acapararía
y el pobre sin ella se quedaría.

ℬ℘ℭ

193 El deporte sano y la buena cocina,
son de las mejores medicinas.

ℬ℘ℭ

194 La oveja que abandona el rebaño o su pareja,
de la realidad se aleja.

ℬ℘ℭ

195 El que va deprisa, con tiempo llega a misa,
el que va despacio, con retraso llega a palacio.

ℬ℘ℭ

196 Si me dan la libertad seguiré siendo prisionero,
porque yo por tu amor ya hace tiempo que muero.

ℬ℘ℭ

197 De Romeo y Julieta había que tomar ejemplo,
que se amaban en vida, aunque se veían ya muertos.

ℬ℘ℭ

198 El amor que cada día no se cultiva,
poco a poco se va a la deriva.

ℬ℘ℭ

199 Ámame con suspiros y aliento,
no con vagos paisajes de tu pensamiento.

ℬ℘ℭ

200 La razón no la impone el sujeto,
si no la buena convivencia, honestidad y el respeto.

ଶଢ଼

201 Cuando la situación te es adversa,
no rehúyas: dialoga u observa.

ଶଢ଼

202 Hay besos y abrazos tan poco efusivos,
que no son para recuerdo, porque no son de archivo.

ଶଢ଼

203 ¡Mujer, si estás casada, y no es amor lo que has vivido,
vístete de gala y búscate otro marido!

ଶଢ଼

204 Tiran más los ojos de una mujer, rubia o morena,
que la fuerza bruta de una manada de ballenas.

ଶଢ଼

205 La fuerza que han archivado los mayores,
es la resistencia de los jóvenes.

ଶଢ଼

206 ¡Maldito sea el dinero,
que me ha hecho rico, para hacerme egoísta y farandulero!

ଶଢ଼

207 Cuando una charla es constructiva,
no necesita tantas horas de debate, ni diretes ni comitiva.

ଶଢ଼

208 Deja solo en herencia lo que no puedas disfrutar en presencia:
que sepa el que viene detrás
lo que cuesta el patrimonio y su existencia.

ଶଢ଼

209 Algo pequeño se puede convertir en un gran problema,
si a los que conviven contigo no les gusta tu sistema.

৪৩৫৪

210 A veces no se cree mejor escritor aquel que mejor escribe;
sino aquel que más libros vende y más dinero recibe.

৪৩৫৪

211 El viento fuerte racheado,
al débil deja triste y desamparado.

৪৩৫৪

212 A los que les gusta jugar con las armas,
desde lejos tienen perdida la paz y la calma.

৪৩৫৪

213 Para convertir una hermosa ciudad en fantasma,
basta con que el pueblo pierda la paz y la calma.

৪৩৫৪

214 El que en tiempos de paz se esconde o se atrinchera,
nada bueno pasa por su mollera.

৪৩৫৪

215 El que hace daño a un mendigo o a un borracho,
es un desaprensivo y un mamarracho.

৪৩৫৪

216 Si quieres algo muy divertido,
busca algo con morbo y atrevido.

৪৩৫৪

217 Si quieres dinero o fama,
llévate a un famoso o famosa contigo a la cama.

৪৩৫৪

218 Déjese de pequeñas historias y dedíquese a contar chistes,
que la gente tiene humor y a reír no se resiste.

∞∞

219 Si quieres saber qué son honores,
no pierdas de tus antepasados los valores.

∞∞

220 No sabemos si existe la verdadera filosofía,
porque cada uno tiene la suya y a veces la cambia cada día.

∞∞

221 Si la solidaridad no ablanda tu corazón,
serás ambicioso por condición.

∞∞

222 Si el oro, no se encontrara tan escondido,
su valor, sería efímero y perdido.

∞∞

223 El oro y la plata,
como son metales nobles, no suenan mucho a hojalata.

∞∞

224 Si no quieres que el vino a la cabeza se te suba,
déjalo que repose en la tinaja o en la cuba.

∞∞

225 Tengo ordenador, pero casi no lo uso,
porque dicen por ahí que de él hay mucho abuso.

∞∞

226 Si quiere usted evitar en sus riñones uno de sus calvarios,
beba suficiente agua a diario.

∞∞

227 La música es un refugio para el oído,
para no considerar el tiempo perdido.

ಐೃಕ್ಷ

228 Las añoranzas y las sombras del pasado
quedan en la mente de muchos atascados.

ಐೃಕ್ಷ

229 Recordar viejos tiempos
sirve, sobre todo, para activar el pensamiento.

ಐೃಕ್ಷ

230 No te acongojes, ni sufras, por el aumento de tus canas,
es mucho más importante que eso tener una vida feliz y sana.

ಐೃಕ್ಷ

231 La inestabilidad ahoga la razón,
precipita tu economía y acelera el corazón.

ಐೃಕ್ಷ

232 Lo que tú no usarías el primero,
no se lo ofrezcas a ningún caballero.

ಐೃಕ್ಷ

233 Gracias a tantos ratos de gloria,
olvidamos lo malo que llevamos en nuestra memoria.

ಐೃಕ್ಷ

234 Si tenemos que pedir dinero prestado a otros,
más boyante nos va a nosotros.

ಐೃಕ್ಷ

235 Todo sirve: lo que no sirve a tu lado,
puede servir al costado y, si no, reciclado.

ಐೃಕ್ಷ

236 Para salir airoso luchando contra la justicia,
hay que tener mucha habilidad y pericia.

∞∞

237 Para la mujer, la mejor viagra, el chocolate y la fresa
y un amor robado que le llegue por sorpresa.

∞∞

238 Según sea tu fuerza interna,
te ayudará o no, a resolver los problemas de tu vida externa.

∞∞

239 No seas tan lanzado ni avives mucho el fuego,
si sabes que te puede servir para quemarte luego.

∞∞

240 De poco te sirve que no arañe tu gato,
si se sube a la mesa y te lame los platos.

∞∞

241 El ritmo que llevas poco te dura,
porque el que va muy deprisa… poco tiempo perdura.

∞∞

242 Tus promesas jamás serán cumplidas,
si salen de tu boca sin fuerza y dormidas.

∞∞

243 La mujer que posee varias docenas de vestidos,
también puede tener dos o más maridos.

∞∞

244 Para escribir un libro no hacen falta grandes conocimientos,
basta con estar de pluma o tinta sedientos.

∞∞

245 Llegar el matrimonio unido a viejos, es casi una locura,
que empieza cuando nos casa el cura.

৪০৫৪

246 El que quiera muchos y grandes disgustos,
que se divorcie, aunque crea que lo ha hecho a gusto.

৪০৫৪

247 ¡He escrito tantas cosas!, seguro que alguna vez me repito,
pero eso le pasa a todos los que se ponen a dar voces y gritos.

৪০৫৪

248 Cuando el pan te viene dado
es menos recordado que cuando te lo has ganado.

৪০৫৪

249 Si la sociedad te pone trabas…
busca tu propio camino, y de ella serás menos esclava.

৪০৫৪

250 Los que asisten a las manifestaciones,
con orgullo y fuerza exponen sus razones.

৪০৫৪

251 El que dona alguno de sus órganos, incluido el corazón,
hace que otros recuperen su salud,
con más entusiasmo que un león.

৪০৫৪

252 El que en julio no pierde el frío,
no sabe qué es el estío.

৪০৫৪

253 El amor puede con todo, incluido el divorcio,
si no miren como muchos pronto rompen el consorcio.

৪০৫৪

254 El amor no solo es ciego, sino también un poco ignorante,
solo quiere ver lo bueno, aunque lo malo esté por delante.

❧❧

255 ¡La muerte no es un misterio! Un misterio, es la vida,
que no sabes cómo termina hasta que la tienes perdida.

❧❧

256 La verdadera esencia del amor no está en conocerse bien,
sino dentro de lo que se conocen llevarse bien.

❧❧

257 Lo peor que tienen las emociones,
es que suelen durar mucho menos
que los grandes problemas y las desazones.

❧❧

258 Es incalificable que se pongan unas normas
y nos las pasemos todos por el capricho de nuestras formas.

❧❧

259 La herida que no está cicatrizada,
si no se tapa, corre gran riesgo de ser infectada.

❧❧

260 Siempre es muy desagradable un engaño,
venga de familiares, de vecinos o extraños.

❧❧

261 El amor que no cumpla estas cuatro frases
no pasa de la primera clase:
amor, caricias, sexo y… que dure mucho tiempo eso.

❧❧

262 El cerebro engaña muchas veces a los corazones,
les dice que son jóvenes y tienen ya la muerte en los talones.

ꙮ

263 Aquel que no vive su vida con orden y optimismo,
está casi siempre al borde del abismo.

ꙮ

264 El que reflexiona a tiempo,
tiene poca pérdida y gana mucho tiempo.

ꙮ

265 El que de su trabajo y hacer diario se vanagloria y alardea,
de tierra firme se aparta y se sube a la azotea.

ꙮ

266 Reciclar siempre es bueno,
porque ni lo que se desprecia, nos es ajeno.

ꙮ

267 Hay quienes hacen grandes relatos de lo que otros han vivido,
pero que lo hagan de lo suyo les parece prohibido.

ꙮ

268 ¡Vaya chollo el de los banqueros!
Si no puedes pagar el préstamo, se quedan con el piso,
con los réditos y con tu dinero.

ꙮ

269 La ley para el pobre casi siempre viene desfavorecida,
por eso siempre tiene la batalla perdida.

ꙮ

270 He viajado por el mundo y no he visto nada tan malo,
como prepararse para la guerra y decir que somos hermanos.

ꙮ

271 Si quieres que trabajen bien tus intestinos,
facilítale con tu alimentación bien el camino.

৪৩০৫

272 Si no quieres verte en serios conflictos
no te metas a político,
porque para ti lo que está bien hecho,
para otros no está nada bien visto.

৪৩০৫

273 No hay cosa en la vida que te resulte más bella,
que aquella que amas y duermas con ella.

৪৩০৫

274 No me saques de mis casillas ni me líes con tus conflictos,
que soy sacerdote y quiero llegar a obispo.

৪৩০৫

275 Hay escritores que solo escriben para atrapar al lector,
en vez de escribir para la sabiduría y el amor.

৪৩০৫

276 No le ataques al débil si lo ves carente de fuerzas,
dale valor y ánimos y verás cómo se esfuerza.

৪৩০৫

277 El sol de enero no calienta el sombrero,
pero te protege de la lluvia y del aguacero.

৪৩০৫

278 Pequeñas o grandes guerras no se debían ganar con batallas,
sino con sanos diálogos, para que no haga falta estallarlas.

৪৩০৫

279 El optimista siempre encuentra alguna salida,
el pesimista siempre la tiene perdida.

ೞ೦ಌ

280 El que se adelanta a su tiempo,
no sabe muy bien por dónde le pega el viento.

ೞ೦ಌ

281 Bienaventurados los que ignoran, porque ellos no tendrán
tantas preocupaciones como los que saben tanto.

ೞ೦ಌ

282 Bienaventurados los que tienen capacidad de resolución,
porque ellos estarán siempre muy ocupados.

ೞ೦ಌ

283 Bienaventurados los que conservan su sonrisa
tienen mejor talante y no se agobian tanto con las prisas.

ೞ೦ಌ

284 Bienaventurados los que se toman en serio las cosas,
porque son más diáfanos y no lo ven todo de color de rosa.

ೞ೦ಌ

285 Bienaventurados los que callan y hablan cuando les toca,
porque no les gusta comentar ni a tontas ni a locas.

ೞ೦ಌ

286 Bienaventurados los que se hacen ricos,
porque siempre tendrán algo para llevarse al pico.

ೞ೦ಌ

287 Bienaventurado el que ama el deporte,
porque si se queda sin trabajo siempre le queda ese resorte.

ೞ೦ಌ

288 Bienaventurado el que ve a Dios desde lejos,
porque tiene la vista más diáfana que un espejo.

෨෬

289 El verdadero arte no es lo que hace el artista,
sino el valor que le den los que le pasen revista.

෨෬

290 Cuando se produce en un país el llamado corralito…
¿Dónde ha ido el dinerito? ¡Solo pregunto, no grito!

෨෬

291 Entre robos y malversaciones,
tenemos más corruptos que liendres en los colchones.

෨෬

292 Es mejor no sonreír que reír sin gusto.

෨෬

293 Me mueve el tiempo, me mueve el día,
me mueve la ilusión de vivir cada día.

෨෬

294 La amistad no tiene precio:
el que pague por ella es un necio.

෨෬

295 En el estudio, no siempre se estudia la verdad,
por eso el mundo muchas veces va para atrás.

෨෬

296 El que tiene padrino se bautiza y el que no lo tiene,
del agua bendita no se beneficia.

෨෬

297 La Iglesia no está solo hecha para los cristianos,
sino también para quien necesita que le echen una mano.

෧ை

298 Los que piensan que la vida es un tango,
es porque toda su vida se la han pasado danzando.

෧ை

299 Si cuando se pierde la ilusión no naciera una nueva,
siempre se estaría desilusionado.

෧ை

300 El optimismo es la ilusión de la mente,
el pesimismo el miedo al fracaso.

෧ை

301 No me extraña que la moneda tenga dos caras,
porque todos las tenemos… y a veces muy raras.

෧ை

302 Aquella o aquel que te elige, sabiendo que no tienes un duro,
no será el amor más maduro, pero sí el más seguro.

෧ை

303 Renueva tu negocio o tu tienda,
que si no puedes con ella, ya habrá otro que la atienda.

෧ை

304 Si no quieres verte agobiado en exceso,
coordina tus gastos con tus ingresos.

෧ை

305 Hay hombres y mujeres que no servirían para cirujanos,
porque les gusta romper corazones,
sin utilizar ni el bisturí ni las manos.

෧ை

306 Si no quieres verte en el futuro sorprendido,
procura tener el presente bien aprendido.

౸ఇ

307 Cuánto tiempo y dinero se gasta en descubrir otros mundos
y la mitad del nuestro está casi moribundo.

౸ఇ

308 Se dice que cuanto más se lee más se aprende,
y cuanto más sabio más se sorprende.

౸ఇ

309 He recibido críticas adversas, pero como las tuyas ninguna,
he pisado en un charco y quieres hundirme en una laguna.

౸ఇ

310 Pica la guindilla y el ajo,
pero en la cocina hacen gran agasajo.

౸ఇ

311 He vivido dos guerras sin haber entrado en ellas,
porque todos vivimos la pena de sus devastadoras huellas.

౸ఇ

312 Si no quieres una vida tan dura y seca,
da paseos por el campo y visita la discoteca.

౸ఇ

313 Yo casi vivo más del pasado que del presente,
pero como tengo poca memoria, casi todo lo tengo ausente.

౸ఇ

314 La verdad con facilidad se escribe,
la mentira se intuye y se persigue.

౸ఇ

315 De flor en flor va libando la abeja,
y tú quieres hacer lo mismo, cambiando siempre de pareja.

೮೦೧೪

316 El viento transporta los aromas:
yo me quedo con el tuyo, sin quitarle ni una coma.

೮೦೧೪

317 Hay que levantar al caído y ayudar al desvalido,
porque el que lo tiene todo, está felizmente agradecido.

೮೦೧೪

318 Con la verdad muchas veces me asusto:
pero las mentiras me matan a disgustos.

೮೦೧೪

319 No hay nada mejor para el entretenimiento,
como aquello que te apasiona y te aumenta el conocimiento.

೮೦೧೪

320 Se dice que viven de pacotilla,
aquellos que no hay quien los mueva, ni del sillón ni de la silla.

೮೦೧೪

321 La dulzura de la vida te la da la naranja, el limón te da el agrio
y el amargo, la desdicha y el desagravio.

೮೦೧೪

322 No fomentes las armas que pueden terminar en tragedia,
que para eso están las naturales y esas ni Dios las remedia.

೮೦೧೪

323 Si es verdad, puedes pregonarlo,
si es mentira, ni siquiera mencionarlo.

೮೦೧೪

324 El terreno que pisamos se parece a la humanidad,
tiene muchos altos y bajos y falta de igualdad.

෨ඬ

325 El que aconseja y no utiliza también sus consejos,
es como el que va de caza sin armas y quiere matar conejos.

෨ඬ

326 Los sueños son una verdad dormida.

෨ඬ

327 El que repica y quiere estar en la procesión
no tiene la capacidad suficiente
para prestar a ambas cosas atención.

෨ඬ

328 Las tradiciones sirven para no olvidarte del pasado,
solo el presente puede arreglar los problemas cada día.

෨ඬ

329 Las bendiciones sirven para relajar el alma del creyente,
pero no para arreglar los problemas del presente.

෨ඬ

330 La ceguera y la obsesión son como hermanas,
una por no ver lo que tiene delante y la otra
por querer estar viendo siempre lo que no tiene presente.

෨ඬ

331 Si la fuerza del interior no tuviera edad,
no te la arrebataría el tiempo.

෨ඬ

332 No te las quieras dar de consejero,
que ni eres anciano, ni fuiste en el colegio el primero.

෨ඬ

333   Leer algún libro me ha inspirado
a escribir cosas que otros han desaprovechado en ellos.

ഌ

334   Las obligaciones son un derecho,
ejecutarlas bien, su gran provecho.

ഌ

335   No es de buena cocinera, ni hace buen guiso,
quien quiere cocinar mientras hace las tareas del piso.

ഌ

336   No te fíes mucho de todos los medicamentos,
que para unos son buenos y a otros los puede llevar al huerto.

ഌ

337   Si quieres las delicias del cochinillo asado,
déjalo a fuego lento o ponlo estofado.

ഌ

338   La ignorancia no suele ser silenciosa,
por eso cuando habla suele meter más la pata que otra cosa.

ഌ

339   El que habla mucho y poco calla, mucho falla.

ഌ

340   La mayoría de las familias americanas poseen pistolas,
no sabemos si porque van en cabeza o porque van en la cola.

ഌ

341   Un tesoro no es lo que tiene mucho valor,
sino a lo que se da más valor.

ഌ

342   Asóciate conmigo, y serás un día mi enemigo.

ഌ

343 Con socarronería se suele hacer la publicidad,
como si el pueblo fuera bobo para tanta deslealtad.

෨ଔ

344 A buen puerto me lleva la barca si no va a la deriva,
pero repárala primero, que las hay como una criba.

෨ଔ

345 Para mí es una bendición que me consideres un poeta,
porque hay frases que curan mucho más que las recetas.

෨ଔ

346 Si el hombre se pareciera más al perro,
sería más prudente y también mucho más serio.

෨ଔ

347 Si no quieres hacer del mundo una locura,
no abandones el campo y menos la agricultura.

෨ଔ

348 El dolor sale del cuerpo y también del alma,
y los cuernos de la deslealtad y la falta de calma.

෨ଔ

349 Salero tuvo mi padre, que se juntó con mi madre
y yo he salido a los dos, ácido como el vinagre.

෨ଔ

350 Hay quien no da a torcer el brazo,
y luego quiere arreglarlo con besos y abrazos.

෨ଔ

351 El mundo está menos hecho para valientes,
que para cobardes pudientes.

෨ଔ

352 Me gustan mucho las armas de fuego,
para eso… para quemarlas en el fuego.

℘ℭ

353 Las armas no son para la defensa,
sino para una justificación de la impotencia.

℘ℭ

354 El celibato no es un contrato,
pero es una justificación para el beato.

℘ℭ

355 El que no da a torcer el brazo,
a menudo tiene rechazo.

℘ℭ

356 Antes de mirarte, lávate las manos,
que algunos las tienen sucias y no se creen marranos.

℘ℭ

357 El banco solo te presta dinero,
si se asegura de lo tuyo primero.

℘ℭ

358 Seré solidario contigo,
si me echas una mano como amigo.

℘ℭ

359 Con sus detenciones termina el reo
y con su incredulidad el ateo.

℘ℭ

360 Exígete a ti lo que desearías de otras,
y no estarás tan cerca de la derrota.

℘ℭ

361 Volver atrás nos sirve para poder seguir adelante,
lo que hemos dejado es el fruto de nuestro tesón y talante.

෨෬

362 Un secreto casi nunca es completo,
porque hasta el tuyo propio lo divulgas por indiscreto.

෨෬

363 Un poeta optimista no habla de sus dolores,
hay mucho bueno de que hablar, incluidas rosas y flores.

෨෬

364 Si el hombre comprendiera mejor el alcance de la guerra,
no fabricaría tantas armas para destruirnos en la tierra.

෨෬

365 El libro es muy goloso,
por eso es muy hermoso.

෨෬

366 Aprende un poco de otros,
y verás que también tienen un pedacito de nosotros.

෨෬

367 El que se aplica a la buena lectura,
siempre aumenta su cultura.

෨෬

368 El libro siempre obedece,
porque a tu lectura se ofrece.

෨෬

369 Para los ratos de ocio,
un buen libro puede ser buen negocio.

෨෬

370 El libro es buen profesor y amigo,
no te protesta, ni se enfada contigo.

∽◦∾

371 Si soy tu libro, ábreme, no me dejes cerrado,
que no es bueno andar por el mundo
sin rumbo y desamparado.

∽◦∾

372 El libro es un recopilador de memorias,
de desarraigos y de Gloria.

∽◦∾

373 Ahora no solo cae el pez en la red,
sino también los que abusan de Internet.

∽◦∾

374 Trabaja y lucha por tus derechos,
que siempre habrá quien quiera hacerte el camino estrecho.

∽◦∾

375 Cualquier ciudadano o sujeto debe ser consciente,
que no hay que ser agresivo
cuando solo te enseñan los dientes.

∽◦∾

376 Hay quien trata a la mujer como un objeto,
pero esos son de muy poca valía:
la mujer es un tesoro como el pan de cada día.

∽◦∾

377 Quien lea el Quijote con Sancho verá en su interior armonía,
porque es un libro muy apropiado para lectores de caballería.

∽◦∾

378 Revive tu verdad y no te olvidarás
de lo que dejaste detrás.

෨෬

379 Procura que tu vida tenga alegría y encanto,
que para rezos y lloros ya están la Iglesia y los Santos.

෨෬

380 No te olvides mucho de las cosas que prometiste,
porque si viene el toro… te coge o te embiste.

෨෬

381 No siempre triunfa más quien más sabe,
si no quien sabe estar en el lugar que cabe.

෨෬

382 El amor y los desafíos,
crean intrigas y desvíos.

෨෬

383 El final de nuestro camino será delirante,
si no nos comportamos educados y galantes.

෨෬

384 Sobra mucha política y faltan buenos hechos
para que no se nos haga el camino pecaminoso y estrecho.

෨෬

385 La meditación sirve para pensar
y la decisión para prosperar.

෨෬

386 Nada hay que moleste tanto a una mujer sencilla o artista,
como un hombre arrogante y que se las dé… de machista.

෨෬

387 La razón no va siempre por el mejor camino,
porque a veces se la lleva el más mezquino.

෯෬

388 Con nada se sentiría orgulloso nuestro pueblo y soberanía,
que garantizando la paz y el pan de cada día.

෯෬

389 Dona un poco de tu sangre y hazlo sin complejos,
un día la puedes necesitar tú, aunque ahora lo veas muy lejos.

෯෬

390 ¡De poco sirve ahora venerar a los muertos,
si en vida los has tenido abandonados y desiertos!

෯෬

391 Soy tan pobre, tan pobre y tan mal me siento,
que no aporto a la humanidad, ni trabajo ni conocimiento.

෯෬

392 El que tiene celos, su autoestima arrastra por el suelo.

෯෬

393 Prefiero ser pobre y honrado,
que ser rico y verme humillado.

෯෬

394 Amor y celos, buen comienzo y mal consuelo.

෯෬

395 El amor cuando es puro,
empieza verde y termina maduro.

෯෬

396 El amor que no se da a la fuga,
perdura hasta con las arrugas.

෯෬

397 Donde no hay resistencia
poco dura la existencia.

૭૦૦૨

398 No me desagrada lo rojo,
pero cuando se trata de sangre hasta mi corazón encojo.

૭૦૦૨

399 El que solo sospecha no sabe,
pero con su sospecha, quizás encuentre la clave.

૭૦૦૨

400 La eficacia no es solo la prontitud de lo realizado,
sino un trabajo digno y bien acabado.

૭૦૦૨

401 La línea imaginaria ya no es un misterio,
porque va dejando huellas por todo el hemisferio.

૭૦૦૨

402 Beber un poco de vino no creo que sea nada malo,
pero si abusas de él, te puede dar un gran palo.

૭૦૦૨

403 En España dicen que cada vez hay menos niños
¿no será porque cada vez hay menos amor y cariño?

૭૦૦૨

404 El sol sale para todos, pero a veces se nos empaña,
nos da por hacer cosas malas que no benefician a España.

૭૦૦૨

405 La sartén en el mango, tiene el rango.

૭૦૦૨

406 Si quieres volver a sembrar, deja un poco de semilla,
que es el origen de esta vida maravillosa y pilla.

෧෬

407 El que de sus acciones alardea,
quiere ser el primero en alabar sus tareas.

෧෬

408 Si quieres que aumente más tu negocio,
dale más publicidad y vigila más a tu socio.

෧෬

409 El que tiene libertad y se cree encerrado,
es como el buey que está libre
y solo le gusta estar en el prado.

෧෬

410 Con las faltas de ortografía,
hasta el más letrado las lía.

෧෬

411 Fíate de los abogados… y del juez,
y tendrás que ir al juzgado más de una vez.

෧෬

412 Háblame de buenas obras y no de religiosos y cristianos,
que así es como sabremos si son o no buenos hermanos.

෧෬

413 Los jóvenes de hoy no van mucho a misa,
han perdido la fe en Dios o es que siempre andan con prisas.

෧෬

414 Nadie le da a la felicidad el valor que merece,
hasta que no se ve infeliz más de dos veces.

෧෬

415 No crece el río por el agua que le ha caído,
si no por la que de los alrededores le ha fluido.

୨୦୧

416 La felicidad no es completa,
si no está de amor repleta.

୨୦୧

417 Los amigos no son más amigos
cuando te dan parte de lo que tienen,
sino cuando no te piden lo que saben que no tienes.

୨୦୧

418 No sé quién es el padre de la medicina,
pero la madre podría ser una vida sana y la buena cocina.

୨୦୧

419 La enfermedad es la alteración de la salud,
pero siempre te quedará para vencerla un rayito de luz.

୨୦୧

420 No confíes a jueces ni a abogados,
si puedes tú resolver las tareas de tu legado.

୨୦୧

421 El orgullo y el pasado
hay que dejarlos atrás, pero no olvidados.

୨୦୧

422 Tu historia ha sido muy triste y tu trabajo muy duro,
pero has de saber que otros, también lo han tenido crudo.

୨୦୧

423 Cuando la necesidad aprieta,
hasta el más pobre actor bien interpreta.

୨୦୧

424 Qué buena suerte me ha deparado el destino,
vivir en La Rioja para disfrutar del buen vino.

෨෬

425 Es bueno sembrar rosas aunque tengan alguna espina.
¡ellas no debieron de haber tenido parte en la corona divina!

෨෬

426 Si en la escritura no hubiese tanta variedad de frases,
habría menos literatura, pero también menos clase.

෨෬

427 Quien con sus palabras malsonantes y burdas
quiera darle fuerzas a un hecho,
quizás tenga vida larga, pero el camino muy estrecho.

෨෬

428 Decir la verdad muchas veces no merece,
pero ser mentiroso pocos beneficios ofrece.

෨෬

429 Cada sabio con su tema,
que el ignorante ni se inmuta ni se quema.

෨෬

430 La sombra que no se borra, el Sol se ahorra.

෨෬

431 Hay que vivir la vida, y si se puede bien aprendida,
porque la última batalla siempre la tenemos perdida.

෨෬

432 Si quieres cosas más bellas,
búscalas dentro de ti y olvídate de las lejanas estrellas.

෨෬

433 Sosiego y retozo,
ambos te dan paz y gozo.

෪෬

434 Las madres son amantes, amorosas y dolorosas,
porque los hijos dan alegrías y disgustos, entre otras cosas.

෪෬

435 No hay nadie más derrotado,
que aquel que, sin empezar, ya se ve acabado.

෪෬

436 La religión es como una lucha o si quieren como una pelea,
en ella se dicen cosas divinas,
pero también se hacen cosas muy feas.

෪෬

437 Con la baldosa de Bilbao
no han tenido buen acierto los responsables de la villa,
porque son resbaladizas y te puedes romper las costillas.

෪෬

438 Me hubiera gustado que este libro fuera de piropos y flores,
pero también están las espinas,
que aguantaremos con nuestros dolores.

෪෬

439 El sabio estudia lo más difícil y deja atrás lo más humano,
sabe que a lo fácil cualquiera puede echarle una mano.

෪෬

440 ¡Hay que ver cómo ha avanzado la comunicación y la ciencia!
Estás durmiendo en Madrid y te despiertan desde Valencia.

෪෬

441 Quien tira la piedra y esconde la mano
o está manco o es un marrano
porque no da la cara como buenos hermanos.

෨෬

442 El sosiego te da paz, la paz armonía,
y el saber estar, gozo en buena compañía.

෨෬

443 De día me paso mucho tiempo pensando,
de noche durmiendo y soñando,
la vida se me pasa y casi no me estoy enterando.

෨෬

444 En los errores se coge el camino para empezar la perfección.

෨෬

445 Muchos se ríen de los que tienen el pelo blanco,
pues no hay que reírse, que en esta vida
el que no es cojo, es manco.

෨෬

446 Si no estás seguro de tus pensamientos,
no eches al suelo tus sentimientos.

෨෬

447 La costilla de Adán tuvo que ser muy completa,
para formar a una mujer tan buena, alegre y discreta.

෨෬

448 A la sombra del árbol no estés mucho tiempo,
que suele traer recuerdos y gran sentimiento.

෨෬

449   El amor primero que no cuajó,
la mente jamás lo olvidó.

೫೦೦೫

450   De poco te sirve renegar de tu destino,
si te ha tocado a ti seguir el mal camino.

೫೦೦೫

451   De los errores se aprende mucho, pero a veces son tan graves,
que no te dan una segunda oportunidad
para volver a equivocarte de nuevo.

೫೦೦೫

452   Poco sirven las leyes,
si solo se aplican cuando conviene.

೫೦೦೫

453   Quien echa de menos lo ajeno,
es porque lo suyo no le parece muy bueno.

೫೦೦೫

454   La memoria es un archivo que nunca dejas en la oficina.

೫೦೦೫

455   La belleza es un lujo para la vista,
y la música un son, que a medio mundo conquista.

೫೦೦೫

456   El mercadillo es una opción para comprar ropa y otras cosas,
ante los que quieren ganar mucho, cuando están feas las cosas.

೫೦೦೫

457   Procuremos tener cordura y buenos modales,
si no nos queremos ver como los toros encerrados en corrales.

೫೦೦೫

458 Ningún hombre es digno de merecer todos los respetos,
si él no hace lo mismo con todos los sujetos.

𝕊𝕆ℂℝ

459 Ilusiónate con las tareas y el hacer de cada día,
y deja las cosas ficticias, incluida la lotería.

𝕊𝕆ℂℝ

460 En todas las épocas ha habido grandes inventores,
aunque no todos se han beneficiado de sus servicios y favores.

𝕊𝕆ℂℝ

461 Una bendición sería ir al cielo,
pero la mejor bendición… amor y paz en el suelo.

𝕊𝕆ℂℝ

462 El exceso de comida, azúcares y grasa,
al cuerpo factura le pasa.

𝕊𝕆ℂℝ

463 Es mejor reconocer sin resentimientos lo malo,
a que te hagan reconocerlo a palos.

𝕊𝕆ℂℝ

464 No te inquietes, ni te desesperes con las desilusiones,
ya vendrán mejores tiempos con grandes ocasiones.

𝕊𝕆ℂℝ

465 El amor con celos,
no trae, ni paz, ni alegría, ni consuelo.

𝕊𝕆ℂℝ

466 El amor en pareja,
en todos los tiempos ha tenido dificultades y quejas.

𝕊𝕆ℂℝ

467 Quien más trabaja y obedece,
no es siempre quien más prospera y crece.

෩

468 Quien trabaja mucho y gana muy poco,
es como el que se pone a dar vueltas y termina loco.

෩

469 Para arreglar un país hay muchas medidas,
solo con las de modistas o sastres
las cosas estarían muy jodidas.

෩

470 Aunque no tengo cara de santa, tampoco voy con careta,
me gusta ser sincera, organizada y discreta.

෩

471 Prefiero que mi escritura sea sencilla y floja,
a que sea encorvada y coja.

෩

472 El día que falle el Sol en su salida...
no tendrá sentido la vida.

෩

473 No te fíes de quien te pide cien veces perdón de rodillas,
suele ser una actitud de gente desalmada y pilla.

෩

474 No hay nada más hermoso que una mujer embarazada,
porque sin el regalo de los hijos... la vida no sería nada.

෩

475 Debes ser con el amor consecuente,
porque no hay nada mejor que por delante se te presente.

෩

476 Quien deja a su mujer por otra,
ganará una batalla, pero no sin una derrota.

୫ଓଷ

477 Para ser feliz hay que hacer a muchos felices,
porque si solo miras para ti, un día te darás de narices.

୫ଓଷ

478 Si el amor no es completo,
es porque siempre hay alguien que le falta al respeto.

୫ଓଷ

479 La vida no te da palos,
los dan los hombres dañinos y malos.

୫ଓଷ

480 Si no fuéramos tan desiguales,
no habría tantas contiendas,
que a veces nos convierten en animales.

୫ଓଷ

481 No sé qué es tener la vida resuelta,
lo que sí sé es que quien no la tiene, la vida tiene revuelta.

୫ଓଷ

482 Las lágrimas y los gozos
a veces son tan pasajeros,
que se quedan en meros esbozos.

୫ଓଷ

483 Quien dice que no está con Dios ni con el diablo,
podría ser buen burro para el establo.

୫ଓଷ

484 Estamos en tiempo de elecciones,
pero… para la guerra y las armas jamás habrá soluciones.

৪০৫৪

485 Siempre habrá a quien le gustará vivir en la luna,
porque está harto de ver en la tierra tanta guerra y hambruna.

৪০৫৪

486 No le preguntes a un corrupto si tiene dinero fuera de España,
sería una pregunta necia, porque en eso siempre te engaña.

৪০৫৪

487 Para que se cumplan bien los proyectos prometidos,
hay que ser menos actores y mejores ejecutivos.

৪০৫৪

488 No te quedes esperando a la pelota,
que, sin tu ayuda, ni se mueve ni bota.

৪০৫৪

489 Si la confianza mata, con el criminal empata,
y si no, con la primera hemos metido la pata.

৪০৫৪

490 El amor y la confianza,
dan al mundo más luz y esperanza.

৪০৫৪

491 La falta de condiciones,
restringe las ocasiones y reduce las ilusiones.

৪০৫৪

492 Poco te luce la luz del Sol, si no tienes paz, trabajo y amor.

৪০৫৪

493 Si el amor es algo tan especial y está por todos bien visto,
¿por qué será que crea tantos conflictos?

ഇറ

494 El amor a los animales termina cuando dejas el pastoreo,
para convertirte en carnicero.

ഇറ

495 Es mejor que te agarres a un hueso,
a que te mueras de hambre por despreciar eso.

ഇറ

496 No te confíes mucho en lo ajeno,
que todo lo que se ve por fuera no es sano y bueno.

ഇറ

497 Si te pones en el puesto del rico,
no pensarás igual que él cuando le das al pico.

ഇറ

498 Quien se acuesta triste y se levanta alegre,
ni era mucha su tristeza, ni tenía mucha fiebre.

ഇറ

499 Una de las mejores virtudes del pobre:
no tenerle envidia al rico.

ഇറ

500 Obedece a quien le debes respeto
y serás sensato y discreto.

ഇറ

501 La mujer con su arte y picardía,
enciende la pasión apagada de muchos hombres cada día.

ഇറ

502 Ten envidia de quien te mantiene,
no de quien más bienes tiene.

৪৩৫৪

503 Encontrarás la pureza, en la virtud y la nobleza.

৪৩৫৪

504 Si no quieres verte mal parado,
procura ser bueno y honrado.

৪৩৫৪

505 Para quitar la pobreza no hace falta crear mucha riqueza,
bastaría con distribuir la que hay, sin temor ni pereza.

৪৩৫৪

506 Quien no controla sus sentimientos e inquietudes,
será esclavo de sus virtudes.

৪৩৫৪

507 El pan bien horneado, ni blando ni pasado.

৪৩৫৪

508 ¡Cuántos besos y abrazos y también apretones de manos,
y después que nos separamos,
parece que ya no somos hermanos!

৪৩৫৪

509 Quien come en casa ajena,
quita el hambre y quita penas.

৪৩৫৪

510 No siempre viene el triunfo por la sabiduría o el poder,
algunos nacen con él sin estudiar ni aprender.

৪৩৫৪

511   Todo dolor y locura,
más que con voluntad, con el tiempo se cura.
El tiempo todo lo madura.

෩෬

512   No tengas envidia de tu vecino,
de lo que a ti te haya negado el destino,
deja que los demás sigan libremente su camino.

෩෬

513   Después que te conocí no veas cómo he evolucionado,
tú has sido el soporte de lo que tanto había deseado.

෩෬

514   Me gusta ser alegre y optimista,
lo malo vendrá solo, que siempre nos pasa revista.

෩෬

515   En la vida todos tenemos que cumplir alguna función,
si no muchos estarían sin dotes y otros se quedarían sin don.

෩෬

516   Las apariencias no matan,
pero a los que son un poco tontos, los rematan.

෩෬

517   Toda tu fuerza se convierte en debilidad
cuando tienes que usarla en contra de tus sentimientos.

෩෬

518   No rechaces un fruto por inmaduro,
ayúdalo a su sazonamiento que todo en un principio es duro.

෩෬

519 Es bueno confiarle a alguien tu secreto,
así sabrás hasta dónde alcanza contigo su respeto.

ΣΟΑ

520 No olvidéis que os habéis jurado amor eterno,
aunque lo paséis mal en veranos e inviernos.

ΣΟΑ

521 La razón siempre tiene sentido,
pero no siempre se la lleva quien más lo tiene merecido.

ΣΟΑ

522 La dureza pone a prueba
tu resistencia y nobleza.

ΣΟΑ

523 Si cocinas, no te pases de fuego,
que tus comensales te criticarán luego.

ΣΟΑ

524 Hay amores que se parecen a las frutas,
primero los rechazas… y luego los disfrutas.

ΣΟΑ

525 Quien te adula, te estimula,
pero no sabemos si a tu espalda te anula.

ΣΟΑ

526 Sin hambre no hay plato apetitoso,
solo hay plato goloso.

ΣΟΑ

527 Si hay Dios y es tan justo,
¿por qué nos da tantos sustos?

ΣΟΑ

528 Quien acepta y apoya lo que dice otro,
no cae nunca en saco roto.

෫)ଔ

529 Si sabes que ha terminado la guerra no salgas de la trinchera,
no sea que afuera te espere otra más dura y fiera.

෫)ଔ

530 Si en la vida no hubiese tanto martirio,
no habría tanta inseguridad y tanto delirio.

෫)ଔ

531 Con el agua y el sol vive la flor
y yo me alimento con la sabia de tu amor.

෫)ଔ

532 Cuanto más grande y hermosa es una cosa,
más grande es el mal si se vuelve desastrosa.

෫)ଔ

533 El pesimista no es un hombre dolido,
es indeciso y poco definido.

෫)ଔ

534 Es más seguro quien poco te da,
que aquel que mucho te ofrece con poca seguridad.

෫)ଔ

535 La salud no la vemos todos de la misma manera:
unos tienen poca y no se quejan
y otros tienen mucha y se quejan como fieras.

෫)ଔ

536 No delegues en otros,
lo que sea más de tu interés que de otros.

෫)ଔ

537 Al ciudadano que no hace en la Iglesia acto de presencia,
no le gusta mucho ni el rezo, ni la penitencia.

ഇ൚ര

538 Quien se ahoga en poca agua,
no es buen buceador entre las enaguas.

ഇ൚ര

539 Aunque no te guste repartir tu patrimonio,
una parte se la llevará Hacienda y si no, el demonio.

ഇ൚ര

540 El día más indeciso del ciudadano es el día de las elecciones,
porque no saben a quién votar para colmar sus ilusiones.

ഇ൚ര

541 Si quieres saber cómo se queman las calorías,
haz al menos una hora de ejercicio cada día
o camina diez o quince kilómetros con entusiasmo y alegría.

ഇ൚ര

542 Las cargas sociales no son tan pesadas,
si tenemos un sueldo que nos las deje saldadas.

ഇ൚ര

543 ¿Para qué quieres permiso de armas, si no te gusta matar?
El arma solo sirve para eso; para eso y quebrantar.

ഇ൚ര

544 Quien se desafía a sí mismo…
no está contento ni consigo mismo.

ഇ൚ര

545 Confórmate con lo que haces o con lo que te ha tocado
y no tendrás que ir por la vida ni furioso ni amargado.

ഇ൚ര

546 Antes de echar una maldición, mírate bien al espejo…
que otros también te la pueden echar a ti,
desde cerca o desde lejos.

၈၀

547 Si todo se pudiera arreglar con voluntad,
no habría nunca desacuerdos entre hermandad.

၈၀

548 Con puntería y tino, se llega al destino.

၈၀

549 Holgazán: aquel que le gusta comer bien sin ganarse el pan.

၈၀

550 Hay cosas en la Constitución que no se podrían reformar,
porque los que llevan el timón del País, no lo podrían soportar.

၈၀

551 Aunque alguien quiera amargarte el día,
lucha siempre por la paz y la armonía,
que es la base de la mejor lotería.

၈၀

552 Quien solo piensa en el presente y se olvida del futuro,
es un poco pasota y no está muy maduro.

၈၀

553 La ilusión es la razón del pensamiento,
llevarla a cabo, su sazonamiento.

၈၀

554 La verdad tiene muchos amigos,
de la mentira casi todos dicen que son enemigos.

၈၀

555 La verdad al menos tiene dos caminos:
la tuya y la que le da el destino.

෨෬

556 La grandeza no está en poseer mucho,
si no en aprovechar bien lo poseído.

෨෬

557 No quieras privar de la razón
a quien te ofrece una concisa y clara solución.

෨෬

558 Los hijos son una bendición y una delicia,
sobre todo cuando no están cargados de maldades y avaricia.

෨෬

559 Quien es muy inteligente y mal educado...
puede perder baza, trabajo y bocado.

෨෬

560 El riesgo es el valor hacia lo desconocido.

෨෬

561 Si quieres saber qué es un testamento,
léete el prospecto completo del medicamento.

෨෬

562 Las violaciones, la corrupción y la guerra,
son las tres peores lacras que el hombre comete en la tierra.

෨෬

563 Cuando el amor florece,
el corazón se enorgullece
y la obsesión crece.

෨෬

564 Los padres con hijos secretos son mamarrachos e indiscretos,
porque traen hijos al mundo con poco amor y menos respeto.

෨ඥ

565 Tras los besos y los abrazos suelen venir los embarazos
y si no fuese así, el mundo se caería a pedazos.

෨ඥ

566 No está en los templos el valor del imperio,
si no en sus grandes misterios.

෨ඥ

567 El pasado sirve para no olvidar,
el presente para no descuidar.

෨ඥ

568 Soy el Olentzero, el hombre de la bolsa y el saco,
que va repartiendo juguetes
para que los niños se diviertan un rato.

෨ඥ

569 Lo mejor de la fruta es la semilla,
porque da paso a una nueva vida.

෨ඥ

570 Cuando el odio vence al amor…
mal le va a los de alrededor.

෨ඥ

571 Amor y odio, no se curan con sal ni sodio.

෨ඥ

572 La reacción y la calma,
son más eficaces cuando salen del alma.

෨ඥ

573 El hombre celoso,
ni sentado tiene el culo en reposo.

꧁꧂

574 Quien sospecha de muchos, aunque solo sea algo,
boca y estómago, se le vuelven amargos.

꧁꧂

575 Es más fácil ganar una guerra con humor y sonrisas
que cargados de armas y metiendo prisas.

꧁꧂

576 La alegría y el humor
dan confianza y generan amor.

꧁꧂

577 Si no quieres perder la amistad
con quién te ha tendido la mano,
ofrécele la tuya como buen hermano.

꧁꧂

578 La confianza es uno de los grandes motivos para equivocarte.

꧁꧂

579 Quien saca y expone lo que tiene dentro,
no muere en el intento.

꧁꧂

580 La llave es el guardián de los grandes secretos,
por eso la guardamos con cuidado y respeto.

꧁꧂

581 Cuando estoy contento contigo casi ni te miro,
cuando no lo estoy… ¡cuánto te admiro!

꧁꧂

582 Si el que muere volviera a la vida,
al mundo le ganaría la partida.

෨෬

583 Confórmate con lo que tienes
y no eches mano indebida a otros bienes.

෨෬

584 El sol de febrero no cala cuero, pero es traicionero.

෨෬

585 Si quieres editar tu libro sin falsos argumentos ni caras recetas,
confíaselo a Ediciones Beta.

෨෬

586 Cuando falta el amor y el gusto,
hasta el cielo llega el susto.

෨෬

587 A tu sombra voy y a tu sombra vivo
porque de ella soy esclavo y cautivo.

෨෬

588 Aunque no seas una estrella,
si dejas buenas huellas, puedes considerarte como ellas.

෨෬

589 No es más generoso quien es más poderoso,
si no quien tiene el corazón más caritativo y hermoso.

෨෬

590 Me he casado contigo por amor, no lo he hecho por dinero,
para eso ya están mis padres que tienen todo lo que quiero.

෨෬

591 La felicidad y el dinero son muy buenos compañeros,
si pierdes el segundo al menos procura no perder el primero.

೫೦୯೪

592 Al hombre se le agota el tiempo
cuando anda siempre tarde y a destiempo.

೫೦୯೪

593 Media vida es realidad y la otra media fantasía,
si no fuese así medio mundo no viviría.

೫೦୯೪

594 Muchos se van de este mundo con mucha tristeza y pena,
porque cuando más a gusto están,
la edad les hace una mala faena.

೫೦୯೪

595 Lo que para unos son desvelos,
para otros son fiestas y revuelos.

೫೦୯೪

596 Corazón que mucho se agita…
al médico reclama visita.

೫೦୯೪

597 Pintura y decorado
ayudan al hogar a estar más limpio y aseado.

೫೦୯೪

598 Gato con guantes no caza,
pero cuando se los quiten vendrá su venganza.

೫೦୯೪

599 Los políticos se activan cuando se acercan las elecciones
y aprovechan el revuelo para lograr sus ilusiones.

೫೦୯೪

600 Que pases feliz cumpleaños, te deseo junto a los tuyos
y haber si el próximo año puedes ser mía y yo tuyo.

∞∞

601 En toda buena obra de arte hay algún tropiezo,
solo no tropieza quien no la empieza.

∞∞

602 Los sueños que se viven despierto hay que intentar realizarlos,
si no quieres siempre en el pensamiento llevarlos.

∞∞

603 Si no hubiésemos hecho que el dinero fuera tan codicioso,
no habría tanto chorizo ni moroso.

∞∞

604 El tropiezo suele ser la falta de reflexión del paso anterior.

∞∞

605 La civilización trae al progreso
y el progreso grandes ingresos e innecesarios tropiezos.

∞∞

606 Si todos los libros tuviesen
la misma difusión que se le da al taco,
se venderían libros a sacos.

∞∞

607 Solidario no es quien más tiene,
si no quien más da, careciendo de bienes.

∞∞

608 Cada vez hay más manifestaciones, gritos y guerra,
como si no fuese una bendición,
haber nacido en esta divina tierra.

∞∞

609 De Dios me vino la fuerza para amarte
y el Diablo ha entrado en mí para odiarte.

೮೦೮೪

610 Hasta en Dios entró el vino:
¡por eso a muchos les sabe tan divino!

೮೦೮೪

611 Cuando desviamos en algunas cosas nuestra atención,
otras muy importantes se quedan sin solución.

೮೦೮೪

612 Me presenté a un concurso como chica modelo,
como pesaba unos kilos de más vino mi desconsuelo,
¡parece que solo cogen chicas como elegidas del cielo!

೮೦೮೪

613 Quien no ama la política,
no sabe lo que son malas críticas.

೮೦೮೪

614 Toda mi vida he tenido un remordimiento:
nunca me ha faltado el agua y siempre he estado sediento.

೮೦೮೪

615 Tener humor es muy bueno, yo diría que hasta necesario,
por eso hasta el más tímido lo debe sacar del armario.

೮೦೮೪

616 Hay que tener valor, no hay que ser cobarde,
que el valor ha hecho que haya hombres tan grandes.

೮೦೮೪

617 Quien parte bien y reparte,
hace las cosas con sabiduría y arte.

೮೦೮೪

618   Si quieres ser dueño y señor de un gran complejo,
mira bien tus dotes más de cerca que de lejos.

∞⃝

619   Quien hace las cosas por rutina,
al final terminará agotando la mina.

∞⃝

620   El sacerdote que no tiene casa,
la mayor parte del tiempo en el templo pasa.

∞⃝

621   El relámpago y el trueno,
para nada son buenos.

∞⃝

622   La hipocresía crea muchos sinsabores y fantasía,
no esperes de ella ni mucha alabanza ni alegría.

∞⃝

623   Los grandes desacuerdos políticos y malos debates,
traen al pueblo las hostilidades y combates.

∞⃝

624   Nunca es necesaria la guerra,
porque el tiempo a todos nos entierra.

∞⃝

625   Las matemáticas y otras ciencias,
dan al estudioso ánimo y consistencia.

∞⃝

626   El amor no necesita reciclarse,
lo que necesita es no dejar de amarse.

∞⃝

627 Si no quieres oler a mono o macaco.
Lávate con agua y jabón el cuerpo y los sobacos.

෨෬

628 Quien pierde la ilusión y el entusiasmo a la vida…
de antemano la tiene perdida.

෨෬

629 El amor activa la pasión, la pasión es amor y gozo,
no hay pasión sublime que no termine en sollozo.

෨෬

630 La mañana me da alegría, la tarde me da consuelo,
por la noche tengo amor como caído del cielo.

෨෬

631 El deseo de vivir suele ser colectivo,
al que no le gusta vivir, el paraíso tiene perdido.

෨෬

632 Hay quien pone a Dios por testigo,
porque sabe que no falla como amigo.

෨෬

633 La soberbia y el orgullo
meten mucho ruido y murmullo.

෨෬

634 Apórtale a tu vida un nuevo resorte,
apuntándote a hacer gimnasia y deporte.

෨෬

635 Si febrero se vuelve loco,
no te comas el coco
que ya se irá pasando poco a poco.

෨෬

636 Si te ves con la soga al cuello, no te la líes a los pies,
que quien no anda con la cabeza, tiene que andar al revés.

ℰᏰ

637 Si quieres conservar mejor tu amor,
no vayas mucho de flor en flor,
para eso ya están las abejas que lo hacen mucho mejor.

ℰᏰ

638 Para ser un buen político hay que ser muy prudente;
todos lo son de principio y luego todos mienten.

ℰᏰ

639 Quien se consuela con lo que tiene, poco egoísmo tiene,
pero tener poca sangre a nadie le conviene.

ℰᏰ

640 Las buenas acciones no se las lleva el viento,
las malas procura quitártelas del pensamiento.

ℰᏰ

641 Si te confiesas a Dios todos los días,
de tu lealtad poco te fías.

ℰᏰ

642 Todas las estrellas tienen su lucero,
por eso cada vez que estoy contigo te digo te quiero.

ℰᏰ

643 La divinidad de los dioses solo está en la mente,
porque nunca han estado presentes.

ℰᏰ

644 El amor verdadero poco se conoce,
porque va mucho más allá de caricias, besos y roces.

ℰᏰ

645 Si te vas de vacaciones no te vayas sola,
llévame contigo que te guardo de la mar y de las olas.

෫෬

646 Don Benito, Don Benito, qué nombre más bonito,
en un pueblo de Extremadura quedó para siempre escrito.

෫෬

647 El agua que emana da la tierra y no se conduce,
es como el que tiene mucho y nada produce.

෫෬

648 Si Don Quijote y Sancho solo veían gigantes y molinos,
¿no será porque siempre seguían el mismo camino?

෫෬

649 La guitarra bien suena cuando se afina,
si el que la toca no desafina
hiriendo sus cuerdas divinas.

෫෬

650 Si volviera a nacer no haría lo mismo,
porque he vivido una vida sin sentido y sin ritmo
y a la orilla del abismo.

෫෬

651 Nadie está del todo conforme,
aunque se crea el Rey y vista nuevo uniforme.

෫෬

652 Si quieres ser buen ciudadano,
respeta el camino de otros, que todos somos hermanos.

෫෬

653 Cuando un litigio dura más de dos horas,
la repetición siempre aflora.

∞∞

654 Quiero tanto a mi niño que lo dejo a su libre albedrío
y cuando quiero reprenderlo… ¡Jesús, María, que lío!

∞∞

655 No eduques con el corazón, educa con los cinco sentidos
y encontrarás sabiduría si lo tienes bien aprendido.

∞∞

656 Bendita sea la hora que naciste para quererte;
¡maldita sea la hora que te fuiste, sin yo verte!

∞∞

657 Al lado de Don Quijote permanecía Sancho Panza,
porque tenía miedo de los molinos y de la punta de su lanza.

∞∞

658 Aprendí a manejar la química y de ello estoy arrepentido;
con ella me he quemado y para nada me ha servido.

∞∞

659 En el umbral de mi puerta han dejado un escalón,
para que cuando sea muy mayor, tropiece con mi bastón.

∞∞

660 De rodillas me he puesto para pedirte perdón,
¡tanto daño te he hecho
que me encuentro sin fuerza y sin razón!

∞∞

661 A la guerra me fui sin ilusión ni cordura,
para resolver tan poco no hace falta tanta armadura.

∞∞

662 No salgas de la trinchera con miedo o desamparado,
que puede estar tu enemigo más cerca de lo deseado.

೧೦ఆ

663 No te hagas muchas ilusiones, si recibes alabanzas,
que más que echarte flores, suelen ser guiños y lanzas.

೧೦ఆ

664 ¡El mundo se me viene abajo, si tú me tratas así!
Porque he puesto todo mi empeño, para darte fuerzas a ti.

೧೦ఆ

665 Con los colores de tu cara un cuadro he pintado,
y ha quedado tan bonito que en el museo lo han colocado.

೧೦ఆ

666 ¿Qué tendrá la penicilina que para las infecciones
importantes es la primera medicina?

೧೦ఆ

667 Coge lo bueno y deja lo malo,
y no te verás cautivo, ni te llevaras tantos palos.

೧೦ఆ

668 La fuerza del Colgate su mal aliento combate,
¡lástima que no sean así de sencillos los acuerdos y debates!

೧೦ఆ

669 El que piensa mucho y trabaja poco,
tiene mucho más tiempo para comerse el coco.

೧೦ఆ

670 Se dice que el que come avellanas y nueces,
el colesterol decrece.

೧೦ఆ

671 Vive la vida de noche y trabaja de día,
y te volverás más blando que una sandía.

෨෬

672 De extremo a extremo te he querido,
y tengo tantos recuerdos que no estoy arrepentido.

෨෬

673 He recorrido todas las fiestas por ver si te veía,
porque tú te me escabulles cuando vas de romería.

෨෬

674 Aunque no haga sol ponte el sombrero,
que siempre hay un pájaro que caga en el vuelo.

෨෬

675 Me quiere dar envidia el vecino
porque se ha comprado un gran coche,
pero a mí no me da envidia,
porque le doy en las narices con un porche.

෨෬

676 De Madrid al Cielo y el que no pueda
que se quede en el suelo,
porque el madrileño siempre encuentra consuelo.

෨෬

677 No quieras vivir solo si necesitas compañía,
que el "yo" es un alarde de orgullo y fantasía.

෨෬

678 Lo que no puede el dolor, lo puede el amor;
y cuando el amor fracasa, el dolor no pasa.

෨෬

679 Tengo la mano firme y la pluma asentada,
para poder escribir cosas limpias y aseadas.

∞⌘

680 Pienso poco cuando escribo y mucho cuando leo,
por eso, a veces, el escrito me resulta un poco feo.

∞⌘

681 El juego de la lotería y la primitiva,
hasta al más asentado cautiva.

∞⌘

682 Cuánta riqueza y lujo y qué poca esencia,
estar cargado de dinero y tener tan mala presencia.

∞⌘

683 Escribiendo paso el tiempo que tengo como ocio,
pero si alguien lo aprovecha puede hacer buen negocio.

∞⌘

684 Hoy me veo acorralado, por dar casi lo que no tenía,
porque para mí la bondad, es la mejor lotería.

∞⌘

685 Me trago tus palabras y me trago tus dichos;
pero no me hagas que cargue con todos tus caprichos.

∞⌘

686 Los pájaros son alegres y cantan fuera del nido:
¡ojalá fuera como ellos el que me eché por marido!

∞⌘

687 ¡No me vengas con mentiras ni me seas mentiroso,
ya estás muy bien casado para que pretendas ser mi esposo!

∞⌘

688 Hoy casi todo se escribe con ordenador
porque él ordena y manda.
Y miren si es cierto lo que digo,
que cada vez tiene más demanda.

಄಄

689 También de despistes y grandes olvidos se vive,
lo que deja un descuidado, un listo lo recibe.

಄಄

690 La puerta de tu casa siempre está guardada,
porque guarda un tesoro de mujer enamorada.

಄಄

691 La arquitectura no es joven ni madura,
porque cada dos por tres cambia de estructura.

಄಄

692 Yo ni voy a misa ni voy al rosario,
le rezo a mi santo, que está en el armario.

಄಄

693 No pidas mucho que te caiga del Cielo,
que en tus padres y abuelos encontrarás consuelo.

಄಄

694 El que busque en la sana cocina,
siempre encontrará algún remedio como medicina.

಄಄

695 Cuando yo te conocí tenías la cara redondita,
ya después de tiempo casados, se te pone larga y me gritas.

಄಄

696 La pena cuando es ajena, no parece ni pena,
   cuando es propia, de dolor y lágrimas te llena.

୫୬

697 El dolor y el sufrimiento,
   es un paso largo para la comprensión y el entendimiento.

୫୬

698 Si somos lo que comemos y usted ha estudiado en Salamanca,
   dígame: ¿por qué las vacas comen la hierba verde
   y les sale la leche blanca?

୫୬

699 Internet sirve para todo, hasta el más ruin puede subir arriba
   y al más sensato mandarlo a la deriva.

୫୬

700 Quien hace el bien aunque no sea agradecido;
   su misión bien ha cumplido.

୫୬

701 Hay muchos caminos para llegar al corazón;
   por el mismo motivo se salen de él; sin certificar su razón.

୫୬

702 El hombre que carece de fuerzas y tiene amor y nobleza,
   con seguridad vencerá la tristeza.

୫୬

703 No habría alegría más grande,
   que quitarle al mundo la miseria y el hambre.

୫୬

704 La música no tiene ni cuerpo ni alma;
   la tiene el que la escucha y la toca, si tiene paz y calma.

୫୬

705 El que habla o escribe más de lo debido,
por lo general, lo tiene ya repetido.

෧෬

706 La bondad tiene dos caras; la bondad sin esperar la vuelta
y la que está a la espera de la respuesta.

෧෬

707 ¡Qué pena y qué tristeza
que haya tanto pobre habiendo tanta riqueza!

෧෬

708 Los que están casados con actores o actrices,
tienen que ser conscientes
de que tienen otros amores delante de sus narices.

෧෬

709 Valencia presume de sus Fallas y también de sus falleras,
porque casi empiezan el mismo día que la primavera.

෧෬

710 La fe se alimenta un poco del alma,
a veces quita un poco el hambre, y el dolor mitiga y calma.

෧෬

711 A los enamorados no les hace falta otro idioma,
solo con una mirada conocen
la admiración, el punto y la coma.

෧෬

712 La historia solo debería servir para mejorar el presente,
dejar atrás lo inhumano y ser más inteligente.

෧෬

713   Hay suegras y nueras que hacen tan mal apaño,
que hasta con los hijos por medio se hacen daño.

෨෬

714   Ser político puede ser una gran vocación,
y para asegurar el pan, la mejor solución.

෨෬

715   Quien vive con bondad, amor y paciencia,
del Mundo ha conocido la esencia.

෨෬

716   Si no quieres que emigren de tu patria
disparados como lanzas,
búscales trabajo en tu país, verás cómo prospera y avanza.

෨෬

717   Si ella se enamora de ti y tú de otra,
tu corazón sigue vivo y su alma rota.

෨෬

718   Hazle caso a la medicina,
pero más al ejercicio y a la sana cocina.

෨෬

719   La justicia no siempre ayuda y merece,
da palos al pobre y al rico favorece.

෨෬

720   Si la política fuera solo altruista,
no habría tanto político con tanto dote de artista.

෨෬

721   Es fácil criticar a un político cualquiera,
pero es lógico, porque ellos están dentro y nosotros fuera.

෨෬

722 ¡Oh, Dios! No es el sudor ni el dolor lo que a mí me mata,
sino la vida que en la Tierra tú me arrebatas.

෨෬

723 El inválido te hace ser un poco mejor,
cuando ves de cerca su coraje y valor.

෨෬

724 Cuando hay bonanza
lleno mi panza;
cuando no tengo ingresos,
disminuye mi alegría y también mi peso.

෨෬

725 El secreto de una buena dieta
está en tener cuidado y no mandarla a hacer puñetas.

෨෬

726 Todas las formas de amor se parecen a un árbol florecido;
el odio y rencor a un arbusto seco y podrido.

෨෬

727 No hace falta que me desee la paz
porque ella ya está conmigo;
lo que deseo es que no venga la guerra,
que soy su peor enemigo.

෨෬

728 Te conocí vestida de seda y ahora vas vestida de trapos,
como la moda cambia tanto, tú te has pasado al guiñapo.

෨෬

729 A los que no le guste presentar las cuentas tan claras,
que las lleve a Suiza, que hay un paraíso que las ampara.

෨෬

730 Si cree que lo que busca no está en Internet,
invéntelo usted.

෨⬥ඏ

731 Al presidente del Gobierno solo se le critica lo justo,
porque cuando el pueblo se queja ya está muerto de susto.

෨⬥ඏ

732 Si me ves volando hacia ti, vuélvete a casa,
que soy como el huracán, que por donde pasa arrasa.

෨⬥ඏ

733 Me metí a barrendero y como yo no hago las escobas,
en casa y en el trabajo, no paran de darme la coba.

෨⬥ඏ

734 ¡El problema de la crisis, hay que ver cómo se reduce,
cada vez tenemos menos y las familias se dan de bruces!

෨⬥ඏ

735 Sea muy prudente cuando circule por la carretera,
porque su coche es muy manso
y puede convertirlo en una fiera.

෨⬥ඏ

736 Presta mucha más atención a la sensatez de tu cerebro
que a la debilidad de tu corazón.

෨⬥ඏ

737 Te miro a los ojos aunque no me has mirado,
porque mi amor para ti es guion ya pasado.

෨⬥ඏ

738 A veces no viene el éxito por lo bien que lo has hecho,
sino por lo más torcido o menos derecho.

෨⬥ඏ

739 Si quieres que triunfe de mayor tu niño,
no le des desde que nace un equivocado cariño.

‰

740 La televisión da mucho para escribir,
si no tienes otro tema, de ella sacarás mil.

‰

741 El remiendo más grande no es el que tu madre te echa,
es el que te hace la ley,
para unos muy ancha, para otros, lenta y estrecha.

‰

742 ¡Hay que ver el amor cuánto se parece a la fruta,
después de que madura es cuando se disfruta!

‰

743 No le digas a tu perro que te proteja,
porque él ya lo hace sin ponerte protestas ni quejas.

‰

744 No cojas más miedo al que con tiempo te avisa
que al que no te avisa y cuando menos te piensas, te pisa.

‰

745 El espejo es tu mejor retrato,
aparece y desaparece sin cámara de fotos y otros aparatos.

‰

746 La fruta y el queso
no hay que clasificarlos por su color, sino por su sabor y peso.

‰

747   ¡Qué bien se vive cuando hay trabajo, casa y baño!
Y no hay que echar mano
de vivir en casa de parientes o extraños

෩෬

748   Unos me llaman Don Juan pues me gustan mucho las damas,
y… ¿a qué hombre no le gusta tener algo de fama?

෩෬

749   Tengo la conciencia tranquila
porque creo que he hecho lo que debía.
Si no lo crees así, no te ayudaré otro día,
que es mejor no hacerte nada, si no eres agradecida.

෩෬

750   No goza de buena armonía
quien abusa del poder en su sabiduría.

෩෬

751   Si quieres tener sueños placenteros,
no abuses del poder ni del dinero.

෩෬

752   Si quieres despertarte como un árbol partido,
échate a dormir como un tronco rendido.

෩෬

753   Los debates políticos nunca auguran buen presentimiento,
están sobrados de palabras y muy faltos de entendimiento.

෩෬

754   La razón hay que dársela un poco
a quien crees que no la tiene,
porque a aquel que la tiene, tener más, quizá no le conviene.

෩෬

755 Si no te gusta tanta paz y quieres vivir un poco a lo loco,
métete en Internet y verás cómo te comen el coco.

ഇൻ

756 Si quieres educar bien, tienes que tener presente
que, a veces, es con dolor, aunque te critique la gente.

ഇൻ

757 Aunque vivo un poco triste, de nada reniego,
porque tengo paz, relajo y sosiego.

ഇൻ

758 No le preguntes a tu nueva novia cómo fue su pasado,
que te puedes volver celoso, triste y alborotado.
Eso es lo que se saca cuando se ahonda en el pasado.

ഇൻ

759 El que promete y no da nada,
su palabra tiene hipotecada.

ഇൻ

760 La libertad solo es una opción,
la vida hay que ganársela con trabajo, dolor y pasión.

ഇൻ

761 Si todo lo que ven nuestros ojos fuera real,
habría más sorpresas que pesca en la mar.

ഇൻ

762 La mujer que se enamora después de tener marido,
para algo le servirá lo que con el primero ha aprendido.

ഇൻ

763 El que habla sin cumplimiento,
tiene la palabra fácil y hueca como un pimiento.

ഇൻ

764 El que trabaja poco y no se interesa por el mundo,
no se da cuenta de lo importante que es
aprovechar bien cada segundo.

∽✷∾

765 La luz me deslumbra y sombra no quiero,
porque no puedes ver en mis ojos, lo mucho que te quiero.

∽✷∾

766 Con la alegría y la abundancia viene la danza;
con la envidia y el odio, la venganza;
con la mar y la huerta, la sustancia.

∽✷∾

767 Nuestro país está lleno de bichos y sanguijuelas,
como tenemos la boca tan grande, casi todo por ella cuela.

∽✷∾

768 Si se parlamenta mucho con la política
y no se aplica con buenos hechos,
cada vez tendremos los ciudadanos
el camino más estrecho.

∽✷∾

769 Uno de los peores castigos
es tener a un enemigo por amigo.

∽✷∾

770 El mundo en colores nos alegra mucho la vida,
por eso, color elegimos en nuestras prendas queridas.

∽✷∾

771 Nada produce en el mundo más miedo y sustos
que el temor a la guerra y a los corruptos.

∽✷∾

772 No quieras presumir que haces buena comedia,
si tu vida cotidiana solo la vives a medias.

෧෨

773 El que escribe todo lo que sabe,
nunca tendrá del todo la clave.

෧෨

774 Si la vida fuera un misterio lo tendríamos ya descubierto…
pero tiene tantos… como arenas tiene el desierto.

෧෨

775 Los que mienten por guardar un gran secreto,
a la verdad pierden el respeto.

෧෨

776 Vale más la verdad a tiempo,
que vivir toda la vida con angustia y sentimiento.

෧෨

777 Cuando la verdad sale a flote…
¡todo son golpes y rebotes!

෧෨

778 El que olvida que ha tenido un mal pasado,
el presente tiene un poco fracasado.

෧෨

779 Si explotáramos todos los recursos que nos ofrece la tierra,
no habría motivos para pensar en maldades ni guerras.

෧෨

780 ¡Llevamos tanto tiempo colgados en Internet,
que me parece mentira que aguante tanto con nosotros la red!

෧෨

781 Aunque hoy tenemos muchos derechos,
muchos se quedan sin trabajo y sin techo.

❧☙

782 Si no quieres que desahucien a tu vecino,
ayúdalo en el camino;
que un día tú o los tuyos podéis seguir el mismo destino.

❧☙

783 No suele educar mejor quien da gritos o vocifera;
la educación silenciosa es más eficaz y certera.

❧☙

784 Me casé con un ciego, que nada veía;
como el amor es ciego, me tocó la lotería.

❧☙

785 Si medio mundo le ayudara al otro medio,
nadie se quedaría sin pan y sin remedio.

❧☙

786 Vivir bien en la vida, de todos es un deseo;
pero pasar bien por ella, no es un mero paseo.

❧☙

787 ¿Para qué sirve la guerra,
si, tarde o temprano, también al que la manda se entierra?

❧☙

788 Los hombres elegidos por el pueblo para altos cargos
son los que mejor hacen el paripé;
lo mismo que donan medicinas o víveres,
mandan tirar bombas contra usted.

❧☙

789 A nadie se le debe replicar,
si un beneficio seguro no vas a alcanzar.

෨෬

790 Los que hablan mucho y poco dicen,
tienen un poquito de sabios y mucho de aprendices.

෨෬

791 Donde reina la paz y fecundan las flores,
la tierra se llena de riqueza y amores.

෨෬

792 Si te gusta leer libros, léete también el de Petete,
y estarás entretenido, dentro y fuera del retrete.

෨෬

793 No sé si la luz busca a los ojos o los ojos a la luz.
Lo que sí sé, es que moriría poco a poco,
sabiendo que me faltas tú.

෨෬

794 El que es muy vicioso no tiene mucho remedio,
porque cuando lo intenta quitar, él mismo se pone por medio.

෨෬

795 La moderna cirugía se parece al pájaro carpintero;
primero hacen los agujeros y exploran por dentro luego.

෨෬

796 La Justicia es muy lenta cuando no afecta a sus bienes;
pero… ¡cómo corre y vuela cuando a ella le conviene!

෨෬

797 Donde abundan los piratas, no abunda la plata,
porque se la llevan escarbando, lo mismo que las ratas.

෨෬

798 Con trampas y malos consejos,
no te harás bueno aunque llegues a viejo.

∽∾

799 También se vive de la fe e ilusiones
porque alimenta almas y satisface corazones;
para amar siempre hay motivos y razones.

∽∾

800 Con la obsesión religiosa se llega a pensar cosas,
que a la gente atea le parecen bochornosas.

∽∾

801 El crecimiento y la economía
no se arreglan con discursos y palabrerías,
hay que trabajar con ahínco dando el callo cada día.

∽∾

802 No vayas a muchos saraos y otras fiestas,
si después de la juerga,
no puedes dormir tranquilo la siesta.

∽∾

803 No achaques todos tus males al dinero,
que no por tener mucho eres mejor caballero.

∽∾

804 La razón se va teniendo a plazos,
por eso nunca te quedarás sin un pequeño pedazo.

∽∾

805 Cuando has hecho lo que no debías,
has aprendido lo que no tienes que hacer otro día.

∽∾

806   Si en junio abundan las lluvias,
      mal para el trigo, la uva y la alubia.

                    ಬಂಡ

807   El agua que no se recoge difícilmente se recupera,
      así pasa con tu amor, si no tiene paciencia en la espera.

                    ಬಂಡ

808   El que lee mucho puede abrirse caminos
      y se le encienden más luces;
      el que no lo hace, su cultura reduce.

                    ಬಂಡ

809   Los que son infieles recogen algunas mieles,
      y se suelen quedar después con las hieles.

                    ಬಂಡ

810   El amor se parece mucho a las escaleras,
      se deben subir paso a paso, para llegar bien a la cimera.

                    ಬಂಡ

811   Si no te toca la primitiva búscate otra alternativa,
      que la vida está llena de cosas buenas y atractivas.

                    ಬಂಡ

812   El que vive con gran desahogo y lujo;
      si no hace chanchullos tiene madera de brujo.

                    ಬಂಡ

813   Como sé que te gusta cantar, cántame el miserere,
      porque sabes que me estoy muriendo
      sabiendo que no me quieres.

                    ಬಂಡ

814 Es puro y fino
aquel que hace las cosas bien sin dárselas de adivino.

❧☙

815 Si no cometiésemos tantos errores, sería todo más sencillo,
y no tendríamos a menudo, que rascarnos tanto el bolsillo.

❧☙

816 El que sufre mal de amores, lo sufre en todo su cuerpo,
porque es el sufrir más puro de todos los sentimientos.

❧☙

817 El que no dice la verdad basándose en la mentira,
tarde o temprano le pesará o le amargará su vida.

❧☙

818 El aceite virgen extra de oliva,
hasta al más fino catador con su aroma cautiva.

❧☙

819 Cuando la humanidad grita en medio del silencio,
más de cuatro tendrían que humanizarse
para tener al pueblo contento.

❧☙

820 Las muertes que se producen por terrorismo
se consideran como actos criminales,
las de las fuerzas armadas les parecen tan normales.

❧☙

821 El egoísmo y el vicio,
empujan al hombre hacia el precipicio.

❧☙

822 La mejor defensa no son las armas;
la mejor defensa, la paz y la calma.

୧ଠ୧

823 A las ayudas humanitarias me he apuntado,
y así pongo un granito y tengo mi tiempo ocupado.

୧ଠ୧

824 De la dulzura de tus labios, no tengo pena ni quejas,
porque ellos te dan más miel que un panal de abejas.

୧ଠ୧

825 Cada vez que te veo salgo de apuros,
porque se ensalza mi alma y se me derrumban los muros.

୧ଠ୧

826 Si lo principal de un buen cocinado fuera ponerle mucho amor,
cuantos condimentos se quedarían sin olor y sin sabor.

୧ଠ୧

827 El que quiere vivir deprisa, sin haber vivido despacio primero,
si sale triunfante… ¡mucha suerte ha tenido, caballero!

୧ଠ୧

828 Si te consideras una persona cabal
y no te gusta hacer mucho el loco,
cómprate un teléfono moderno
y verás cómo te va comiendo el coco.

୧ଠ୧

829 Tu voz en el móvil me tiene atrapado,
¡vaya invento más bueno, dulce y pesado!

୧ଠ୧

830 Si en septiembre se hincha de agua la uva,
el vino es más flojo, pero llena la cuba.

৪০৫৪

831 La obsesión que no se cura, al final pasa factura,
porque la mente del obsesivo apenas si madura.

৪০৫৪

832 ¡Para qué tanta precaución
con el Ébola u otras enfermedades galopantes;
si los que dominan el mundo
mandan matar gente a cada instante!

৪০৫৪

833 Para ser buen economista hay que ahorrar e invertir luego,
porque si lo dejas parado en el banco,
se lo llevan otros que son poco caballeros.

৪০৫৪

834 La fuerza de un banquero se ve por el capital de su dinero,
pero no sabemos si lo ha hecho con honestidad
o por ladrón y usurero.

৪০৫৪

835 El que se dedique a querer entender los ovnis;
estará empezando a desentenderse él mismo,
porque tendrá la mente siempre ocupada
en un continuo abismo.

৪০৫৪

836 Si no quieres dar mala nota en el barrio
y verte rodando como un bidón,
échate otras amistades y olvídate del botellón.

৪০৫৪

837 Quien mucho te quiere
aunque te enseñe los dientes no te miente,
quien no te dice la verdad, de algo malo se resiente.

෨෬

838 No es más fuerte el que más fuerza tiene,
sino quien la utiliza en el momento que le conviene.

෨෬

839 No sabemos si el escritor que hace tan extensa una novela,
lo hace porque está muy documentado
o por ver si al lector le cuela.

෨෬

840 ¡Hay que ver cómo presume con su coche elegante,
cuando va por la calle agarrado al volante!

෨෬

841 Si del que crees que vive bien todo lo supieras,
no estarías tan convencido hasta que él te lo dijera.

෨෬

842 El optimismo crea ilusión, el trabajo satisfacción,
el amor emoción y el dolor comprensión.

෨෬

843 Lo que no tenga solución,
no lo eches al cajón.
Tíralo a la basura,
aunque sea tu última locura.

෨෬

844 Diciembre y enero, los meses más fieros,
nos traen el hielo y nos arriman al puchero.

෨෬

845 El mejor aliento sale por tu ventana,
cuando abres la puerta y te asomas por la mañana.

৪০৫৪

846 La gran sabiduría no está en saber mucho,
sino en aprovechar bien todo lo que se sabe.

৪০৫৪

847 Aunque no sois aguadores, ni el padre ni el hijo,
tenéis la barriga igual que un botijo,
porque no trabajáis ni en casa ni en el cortijo.

৪০৫৪

848 El que mucho reza y poco besa…
más amor y menos iglesia.

৪০৫৪

849 Cuando uno sueña despierto,
está en el inconsciente de su pensamiento
y cuando despierta ve que estaba en lo cierto.

৪০৫৪

850 ¡Cuánto hablamos y murmuramos y cuánta tinta derramamos,
dando consejos a los demás que nosotros necesitamos!

৪০৫৪

851 A veces las caricias pueden resultar como latigazos,
si el receptor no está preparado para besos y abrazos.

৪০৫৪

852 No pretendas dar sabios y buenos consejos,
si antes no has llegado a viejo.

৪০৫৪

853 El precio de la historia no se debería pagar con guerra y lucha,
sino con gentes trabajadoras, comprometidas y duchas.

෨ඞ

854 La ignorancia es más atrevida,
que quien entra en un sitio sabiendo que no tiene salida.

෨ඞ

855 Las personas que no tienen miedo
andan tranquilas por calles o avenidas,
las que lo tienen, se pasan media vida escondidas.

෨ඞ

856 El río está en silencio cuando es llano o no lleva agua;
no es bueno el silencio cuando algo malo se fragua.

෨ඞ

857 No estoy arrepentida de haberte querido en silencio,
ahora que he abierto la boca me he quemado con tu aliento.

෨ඞ

858 Se dice que el primer beso de amor no se olvida,
pero si solo se queda en eso, no tienes ganada la partida.

෨ඞ

859 Acepta si tus mayores te dan algunos consejos
que a ti también te gustará darlos si llegas a viejo.

෨ඞ

860 De las gestiones financieras
los más beneficiados son los banqueros,
porque disponen de la caja, de las llaves y el dinero.

෨ඞ

861 ¡La Biblia tiene tantas letras,
que siempre encontrarás en ella buenas y malas recetas!

৪০৫৪

862 Cuanto más avanza la tecnología,
menos evoluciona la artesanía
y, poco a poco, va muriendo la mano que la elabora y guía.

৪০৫৪

863 No hace falta enfermar para ponerse malo
porque hay cosas que duelen más ¡que una ensalada de palos!

৪০৫৪

864 El perro que no lame el hueso…
o no tiene hambre o prefiere el queso.

৪০৫৪

865 Si no hay buen acuerdo en el reparto de su patrimonio…
un cuarto para abogados y otro cuarto para el Demonio.

৪০৫৪

866 Amén de las oraciones,
la guerra destruye la humanidad, incluidos los corazones.

৪০৫৪

867 La carrera de derecho no es ningún don,
es defender a tu cliente con o sin razón.

৪০৫৪

868 ¡Hay cosas que te dejan tan perplejo, tan perplejo,
que se te nota en la cara aunque te miren de lejos!

৪০৫৪

869 Los residuos de la historia,
son los recuerdos que dejaron nuestros antepasados,
de sus miserias y gloria.

෨෬

870 No es bueno para algunos ejecutivos tomar estimulantes,
porque suelen meter la mano en la caja
en vez de mejorar su semblante.

෨෬

871 No te creas estar siempre con la razón,
si solo conoces lo que te dicta el corazón.

෨෬

872 Vigilen, a quienes corresponda, a los presidentes honoríficos,
que empiezan sin cobrar nada y luego quieren hacerse ricos.

෨෬

873 Búscale a cada refrán sentido,
porque todos son dignos de ocupar su nido.

෨෬

874 Jamás un partido político ganará completa la partida,
porque la forman tantos grupos que la gente está dividida.

෨෬

875 Nadie se verá en tan grandes aprietos,
si tiene como virtud principal la sinceridad y el respeto.

෨෬

876 De la tierra y la mar te viene lo que tienes;
de los ríos y la fuente, tu bebida y la higiene.

෨෬

877 Nada hay sin sustancia o inerte;
todo empieza con la vida y, al final,
la transformación o la muerte.

෪෨

878 Los principales problemas políticos los tienen los partidos;
el pueblo les vota y después están arrepentidos,
no siempre el que gana es el que más ha ofrecido;
pero el pueblo lo ha votado, porque así lo ha querido.

෪෨

879 No preguntes de qué ha muerto una ballena,
si le has abierto la barriga y la tiene de plástico llena.

෪෨

880 No se tomen ustedes las pastillas como los bebés las papillas,
que pueden mancillar su cuerpo y apoltronarlos en la silla.

෪෨

881 La sabiduría está en los ancianos,
no en los que te dan la espalda y luego te tienden la mano.

෪෨

882 La persona muy nerviosa
que quiere hacer muchas cosas pronto y deprisa;
antes de ponerse a caminar, ella misma se pisa.

෪෨

883 Dime lo que me tengas que decir y no me metas mucho rollo,
que no tenemos mucha leña, y no está el horno para bollos.

෪෨

884 ¡Qué podría yo escribir y encontrar tales argumentos
que dieran rienda a mi pluma y quedar siempre contento!

෪෨

885 El tintero y la pluma ni se usan, ni se escribe;
el teléfono y el ordenador es lo que manda y recibe.

ഇൽ

886 Hablar mucho de los demás lo vemos como una cosa sencilla;
ellos ya dirán de nosotros que somos grandes cotillas.

ഇൽ

887 Me gustaría denunciar a las estrellas,
porque nos dan muy poca luz para creerse tan bellas.

ഇൽ

888 Soy de frases cortas, porque no soy de novelas,
porque con esas… casi toda frase cuela.

ഇൽ

889 Las pruebas que se aportan casi nunca son suficientes,
porque se dicen más cosas vanas que ajustadas y coherentes.

ഇൽ

890 Hay economistas que hacen un gran pecado,
mandando que economicen otros y ellos se llevan el bocado.

ഇൽ

891 Las parras alineadas y sueltas
se deben podar en forma de copa,
para que les dé el sol por dentro,
que es por donde menos les toca.

ഇൽ

892 En la huerta me crie y de ella me he salido,
pero ni huerta ni campo jamás he aborrecido.

ഇൽ

893 La venganza siempre tiene el mismo destino:
la traición y la desviación del buen camino.

෴

894 La mala semilla
nace y crece, pero al final mancilla.

෴

895 Cuando te dicen "esto es gratis" en algunos revierte,
porque nada hay bueno que no cueste.

෴

896 La nobleza en el trabajo no está solo en ver qué bien lo haces,
sino también en saber que a los demás les agrada y complace.

෴

897 La guerra es totalmente innecesaria
porque arruina a los pueblos y al hombre decapita;
mientras con paz y armonía, el pueblo ni tiembla ni grita.

෴

898 Todos debíamos estar unidos por grandes lazos,
pero si no trenzamos bien la cuerda, se hará pronto pedazos.

෴

899 No hay mejor experiencia que la que te dicte la ciencia,
pero resiste a ella si no conoces bien su existencia,
porque lo mismo te ayuda que te licencia.

෴

900 Doy gracias por tus palabras y por tus buenos consejos,
otros en vez de avisarme me hubieran sacado el pellejo.

෴

901 Cada vez hay en el mundo más amenazas y detenciones,
porque las almas están más perdidas y rotos los corazones.

⁂

902 ¡Aprovechemos este momento de amor y pasión,
que yo me caigo muerto… si no me das tu corazón!

⁂

903 Aquí se despide tu Juan, con gran pena en su alma,
porque sé que con esta ausencia no encontraré paz ni calma.

⁂

904 El amor pierde fuerza y gana sentido,
cuando la pareja se convierte en esposa y marido.

⁂

905 Hay dirigentes que nos quieren engañar
desde dentro o desde fuera,
como si el ciudadano estuviera en babia
y nada del mundo supiera.

⁂

906 Autorizar o no la eutanasia debía de ser libre decisión,
porque unos lo quieren hacer con lo que dicta su cabeza
y otros con el corazón.

⁂

907 Científicos de todo el mundo, incluidos los de la NASA,
quieren ir a Marte mientras millones pasan hambre en su casa.
Así se invierten millones, y así pasa lo que pasa.

⁂

908 A la Constitución Española le hace falta una gran reforma,
porque nada llega a cien años sin que pierda su forma.

⁂

909 Hay amores que se parecen mucho al carbón:
primero está en su color; después se vuelve rojo
y finalmente se vuelve cenizas para convertirse en despojo.

ℰℭ

910 Un conflicto de guerra nunca se hace por derecho,
sino por unos mandamientos malévolos y maltrechos,
y al pueblo por delante le dan las armas y pone el pecho.

ℰℭ

911 El amor de otoño se parece a las hojas,
se van poniendo mustias hasta que caen o se enojan.

ℰℭ

912 Hay pinturas y esculturas hechas con tan poco gusto y tiento,
que no sirven ni para recreo de la vista
ni para expresar sentimientos.

ℰℭ

913 Los que se casan por amor y permanecen siempre unidos,
no necesitan otra pareja ni cambiar a un nuevo nido.

ℰℭ

914 A un rico ambicioso: como tienes riqueza, amor y locura,
tampoco te faltará un poquito de tierra para tu sepultura.

ℰℭ

915 Si la ley fuera igual para todos,
a los que les falta, se beneficiarían de mejor modo;
pero no, unos seguirán durmiendo en seda y otros en lodo.

ℰℭ

916 Soy amigo de lo bueno y huyo un poco de lo malo,
porque no me gustan las trampas, ni que me peguen el palo.

ℰℭ

917 De aventuras está el mundo lleno,
unas veces te convienen y, otras veces, te sirven de veneno.

෧ඏ

918 Aquí todos pintamos algo, porque todos somos hermanos,
el que no tenga bote ni brocha, puede pintar con las manos.

෧ඏ

919 La iluminación no solo viene del sol y del cielo,
sino también de quien nos da trabajo, amor y consuelo.

෧ඏ

920 El hombre que no practica alguna actividad o locura,
es como aquel que está enfermo y con nada se cura.

෧ඏ

921 Si la verdad solo tuviera un camino,
nunca se equivocaría el destino.

෧ඏ

922 Cuando el sol se pone lo llaman ocaso,
cuando yo me paso con el vino, me llaman charlatán y payaso.

෧ඏ

923 Me falta coraje para ayudarte y amor para quererte,
pero si me faltas tú, poco me importa mi muerte.

෧ඏ

924 No suele ser el oro que más reluce, el que más luce,
sino el que el tesorero mejor conduce.

෧ඏ

925 La belleza es para tus ojos y la pureza para tu alma:
la primera, te da luz y alegría, la segunda, paz y calma.

෧ඏ

926 El éxito no está en el dinero, ni siquiera en la suerte;
el éxito está en ejecutar cada día un poquito
de lo bueno que tienes en tu mente.

෨෬

927 El sol de abril y mayo requiere sombrero y sayo,
porque suele producir dolor de cabeza y desmayo.

෨෬

928 Si eres muy aficionado al móvil y ves cómo te absorbe el coco,
aunque lo tires por la ventana, te servirá de muy poco.

෨෬

929 La Tierra es redonda, agradecida y muy bien hecha.
tú pones la semilla y ella te devuelve la cosecha.

෨෬

930 No siempre te decepciona quien te abandona,
sino quien no te perdona.

෨෬

931 Con la danza viene la confianza,
y hasta el más escéptico se lanza.

෨෬

932 Hay quien piensa que el amor es lo primero,
pero es un gran fracaso cuando no es verdadero.

෨෬

933 Nosotros somos ópticos, pero también nos llaman gaferos,
porque cuando un cliente no ve, las gafas son lo primero.

෨෬

934 No des consejos a otros que tú necesitas,
que a ti también te hacen falta, aunque no te lo explicas.

෨෬

935 Me hubiera gustado ser siempre niño y no haber madurado,
porque la niñez es lo más hermoso que el mundo ha creado.

෫ඏ

936 La razón no siempre conviene
porque, a veces, es a costa de tus bienes,
y mientras tú la discutes a otros bien les viene.

෫ඏ

937 Si la vida no fuera a veces tan caprichosa,
no habría tantas cosas raras y otras veces tan hermosas.

෫ඏ

938 El amor es muy bonito, pero, a veces, no lo apreciamos,
y lo dejamos escapar cuando más lo necesitamos.

෫ඏ

939 Si honestamente quieres triunfar y no meter mucho la pata,
no pienses tanto en el oro y en la plata.

෫ඏ

940 El que mucho quiere, mucho le cuesta.
Si no que se lo pregunten
a quien se levanta temprano y tarde se acuesta.

෫ඏ

941 Cuando te pinchan la zarza y la ortiga,
es porque no te quieren por amiga.

෫ඏ

942 Si en tu vida cotidiana no sabes por dónde te pega el viento,
mejor que actualices la agenda de tu pensamiento.

෫ඏ

943 El mero hecho de reconocer que no eres celoso,
ya hace que lo seas un poco.

೧෨

944 Si no hay buena lectura,
no florece bien la cultura.

೧෨

945 De barro hizo Dios al hombre
y de una de sus costillas a la mujer;
para que de ella y del barro
tenga mucho el hombre que aprender.

೧෨

946 Todo lo que se hace es fruto de las decisiones,
sin ellas no habría nada, ni siquiera rezos ni bendiciones.

೧෨

947 Si no sabes bien de dónde viene el fracaso,
estúdialo más antes de dar el primer paso.

೧෨

948 Cuando todo tu presupuesto se va en el pago de las facturas,
acude a tu médico si no quieres que te visite más tarde el cura.

೧෨

949 El resultado final de un trabajo,
es que si no lo ejecutas bien,
antes de lo que pensabas se te puede venir abajo.

೧෨

950 A mí me faltan pinceles y no me sobra pintura,
porque si no pintas nada en este mundo…
es como si fueses basura.

೧෨

951 Ayuda si puedes en la calle a tu vecino,
que nunca se sabe lo que nos deparará el destino.

⊰⊱

952 Cuando nos preguntan: ¿Qué tal estás?,
solemos decir: Muy bien, muy bien;
aunque por dentro estemos más fritos
que en el fuego una sartén.

⊰⊱

953 Siempre que te lo propongas, irás a más y no a menos,
si te tomas las cosas en serio y no de relleno.

⊰⊱

954 Yo no escribiría con tanto empeño y censura,
si no viera tantas cosas llenas de maldad y amargura.

⊰⊱

955 Se dice que la cultura es vida y la ignorancia mata,
por eso a mí me gustaría ser más culto
y no meter tanto la pata.

⊰⊱

956 No quieras ser demasiado atrevido, ni tan valiente,
que te puede traer consecuencias más graves
que si fueras un delincuente.

⊰⊱

957 No pienses mucho si hay o no gloria,
piensa más en lo positivo de tu memoria.

⊰⊱

958 Si llegas a los cincuenta y no se te ha caído el pelo,
no te preocupes que llegarás con él a bisabuelo.

⊰⊱

959 La música es una forma de entender lo que se dice
sin pronunciar ni una palabra.

ꕥ

960 La miseria es una cosa y ser miserable es otra,
pero cualquiera de las dos te deja el alma rota.

ꕥ

961 El mundo está lleno de gozos, alegría, amor e ilusiones,
pero nunca faltarán en él los malditos tropezones.

ꕥ

962 No hay matrimonio que no discuta al menos alguna vez,
pero si lo hacen mucho de novios lo están haciendo al revés.

ꕥ

963 Lo bueno se hace esperar y lo malo te ha de llegar,
mientras tanto ten paciencia si no quieres desesperar.

ꕥ

964 El rayo y la tormenta
no son buenos ni para el paseo ni para la venta.

ꕥ

965 Hay cosas que no se alcanzan ni con el pensamiento,
y otras muy cercanas que se dejan por aburrimiento.

ꕥ

966 No vuelvas a tu mundo anterior
si lo perdiste por falta de entusiasmo o de amor.

ꕥ

967 Quien progresa y no ingresa…
al final quebrará su empresa.

ꕥ

968 Si no quieres verte en un callejón sin salida,
no entres en él sabiendo que tienes la batalla perdida.

೮೦೦೪

969 Vive cómoda en tu casa, pero no vivas para la casa,
que tanto a ella como a ti, el tiempo factura pasa.

೮೦೦೪

970 El ángel que a ti te guarda, también es el que a mí me guía,
por eso como madre te llevo en el alma mía.

೮೦೦೪

971 Tengo los pulmones muy anchos y el corazón muy discreto,
por eso sé que eres buena y con sinceridad te respeto.

೮೦೦೪

972 No se meta usted a político, si no es un gran mentiroso,
que así es como se llaman ellos unos a otros
en el Congreso sin descanso ni reposo.

೮೦೦೪

973 ¡Es cierto! Cuanto más se tiene más se quiere,
entonces… ¿para qué quieren ustedes lo que tienen?

೮೦೦೪

974 Hay muchas palabras que se las lleva el viento,
por eso yo prefiero no decir muchas
y que se queden en el pensamiento.

೮೦೦೪

975 Quien tiene envidia de los caprichos de otros,
por lo general ha visto los suyos rotos.

೮೦೦೪

976 No podemos apartarnos ni del optimismo ni de la decadencia,
porque forman parte de nuestra existencia.

§∞€

977 Si no quieres sufrir del pueblo algún abucheo,
procura no hacerle nada desagradable y feo.

§∞€

978 Hay quien quiere volar y no sabe andar en la tierra,
es como quien tiene muchos deseos y en sí mismo se encierra.

§∞€

979 La desesperación es el derrame de la paz incontrolada.

§∞€

980 El amor que se esfuma pronto y no renace...
poca historia hace.

§∞€

981 Dar muchas vueltas a las cosas o revolver la tortilla,
solo sirve para sacar a otros de sus casillas.

§∞€

982 Para contar grandes historias
hay que vivirlas y tener más derrotas que victorias.

§∞€

983 Quien ni ruge ni aprieta,
ni se llena de orgullo ni coge rabieta.

§∞€

984 La mejor faena que podría hacer un torero
sería devolverlo sin matarlo a los chiqueros.

§∞€

985 En las competiciones *a priori* siempre hay algún favorito,
pero hasta que finalice la prueba
no se sabe quién dará el último grito.

৵৹

986 Romper las reglas siempre tiene algún resultado,
yo he roto las mías y me he quedado atascado.

৵৹

987 Hay quien se hace famoso por sus hechos o sus dichos,
y otros con mejores condiciones
no salen adelante ni aunque se lo tomen a capricho.

৵৹

988 En España hay mucho y buen sentido del humor,
¡qué pena que el sentido del amor se pierda pronto,
como se mustia una flor!

৵৹

989 La libertad te da la capacidad para recapacitar
que no eres tan libre como pensabas.

৵৹

990 No eches las palabras al viento
que debían quedar en tu pensamiento.

৵৹

991 Solo cuando tienes una gran pena,
valoras más tu salud y también la ajena.

৵৹

992 He dado la vuelta al mundo y he vuelto al punto de partida,
a cuidar de mi madre que se le va agotando la vida.

৵৹

993 Casi todas las guerras se producen por el abuso del poder,
como si los ciudadanos votaran al político
para que tuviera ese deber.

෨෬

994 Hacer el amor sin condón…
no es la mejor solución,
sino no hacerlo sin ton ni son.

෨෬

995 ¿Por qué parece que los partidos se odian unos a otros,
si lo que quieren es servir bien al pueblo,
y no portarse como potros?

෨෬

996 Mientras unos no paran de reivindicar más sueldo y derechos,
a otros le sube el dinero por encima de las ventanas
y les llega hasta el techo.

෨෬

997 Hay que ser muy responsable y tener buenos reflejos,
para evitar ciertos peligros si quieres llegar a viejo.

෨෬

998 En una reunión sé el primero en llegar y el último en hablar,
porque para aprender, hay que saber escuchar.

෨෬

999 No te quedes mucho tiempo encerrado en casa,
aunque digas que te coge el frío o que el sol te abrasa.

෨෬

1000 Déjate de monsergas y no digas que son malos mis refranes,
que aprenderás mucho más de ellos que de vagos y truhanes.

෨෬

1001 ¡Ciudadano, apriétate el cinturón
y sé lo suficientemente valiente
Ya vendrán por detrás otros
que nos espabilen apretando uñas y dientes!

☙❧

1002 Hasta la literatura tiene sus mutaciones,
solo que los escritores la transforman
según sus teorías y condiciones.

☙❧

1003 Es más difícil conocer la verdad
que aceptarla cuando la conoces.

☙❧

1004 Para algunos futbolistas y otros deportistas,
su gran pasión y alegría
son sus desorbitados sueldos astronómicos
y meter goles de antología.

☙❧

1005 Los amores más perros
empiezan suaves como la manteca
y terminan a palos o a hierro.

☙❧

1006 A ti se te puede considerar como un hombre de letras,
por tus numerosas y exquisitas cartas de amor
a tu amada Petra.

☙❧

1007 Tengo los días contados, sé que me queda muy poco,
soy como una velita tenue, que se apaga poquito a poco.

☙❧

1008 Hay cosas que se hacen en el ascensor
que no se deberían hacer,
no solo porque es reducido,
sino porque te pueden sorprender.

༒

1009 El día que haya un reparto equitativo de poder y dinero,
no lo podremos contar porque ya no seremos.

༒

1010 Se dice que para participar todos tenemos opciones,
pero no todos somos iguales
ni reunimos las mismas condiciones.

༒

1011 Con todas tus propuestas de lujo y, *a priori*, de gran libertad,
no serás para el pueblo buen ciudadano,
si no nos consigues la paz.

༒

1012 ¿Por qué en política habrá tanta falta de entendimiento,
si el pueblo solo pide cuatro cosas?
Paz, trabajo, amor y alimentos.

༒

1013 No quieras hacer de mediador en los problemas ajenos,
que lo que a ti te parezca bien otros ni lo echan de menos.

༒

1014 Hay cosas que no me convencen
por bien que me las expliques,
porque cada uno tiene su teoría,
aunque sea peor que un cacique.

༒

1015 El mundo está lleno de razas y de razones,
por el mismo motivo, no faltan alegrías y desazones.

༄༅

1016 Cuando escasea el carbón y el agua,
mal le va al herrero en su fragua.

༄༅

1017 Para ser buen político, no solo hay que tener buen programa,
hay que cumplir con el deber desde el tronco hasta las ramas.

༄༅

1018 Deja para el intelectual la ciencia,
para ti, el trabajo, el honor y la paciencia.

༄༅

1019 Aceptarse y conocerse a sí mismo,
es la mejor rehabilitación para nuestro organismo.

༄༅

1020 La madre naturaleza nos da la vida y los gozos,
y nosotros le pagamos muchas veces con desidias y destrozos.

༄༅

1021 La vida es tecnología y ciencia,
materia viva y violencia.

༄༅

1022 No son los que hacen grandes alardes y bellas conquistas
los que más salen en las revistas.

༄༅

1023 Díganme ustedes si no es una efímera vida
que vivamos cuatro días y toda la eternidad perdida.

༄༅

1024 Aunque soy ya un anciano, tengo ritmo y paciencia,
que han sido fundamentales para alargar mi existencia.

୨୦୯୨

1025 El amor y la violencia siempre ponen resistencia,
el primero por su pasión y el segundo por su virulencia.

୨୦୯୨

1026 A veces se nos viene el mundo encima,
se nos viene a pedazos,
y nos apartamos de él, en vez de darle un abrazo.

୨୦୯୨

1027 El amor y el deseo, no entienden de cristianos ni ateos,
pero se inclina más por guapos que feos.

୨୦୯୨

1028 No confíes nunca todas tus cuentas
a aquel que te avala y te representa.

୨୦୯୨

1029 No maltrates a la mujer, ella ha sido tu bendición,
porque te ha parido, para tu orgullo y satisfacción.

୨୦୯୨

1030 La solidaridad está reñida con el egoísmo,
por eso la primera con su generosidad
puede sacar al necesitado del abismo.

୨୦୯୨

1031 Hay ciudadanos que pagan mucho dinero en multas,
¡tened cuidado porque al débil con poco se le insulta!

୨୦୯୨

1032 Trata bien a tus padres, incluidos tus abuelos,
que a ti también te gustará, cuando llegues a viejo.

৪০০৪

1033 La medicación siempre seguirá en pañales,
porque a más remedios, peores males.

৪০০৪

1034 Quienes en la memoria sus problemas bien no ubican,
hasta la inteligencia se les achica.

৪০০৪

1035 Hay medicamentos que deben de ser peor que el matarratas,
porque sus prospectos los delata.

৪০০৪

1036 El hombre celoso no tiene paz ni reposo,
porque él solo se hunde en el pozo.

৪০০৪

1037 Procura pisar firme y asentada y no te vuelvas loca,
no sea que pierdas el chollo y la bicoca.

৪০০৪

1038 Cuando hay mucho viento suele llover poco,
el pan pierde la humedad y se pone seco igual que un coco.

৪০০৪

1039 No tributes solo a lo que te imponen como obligación,
hay otras muchas formas que merecen tu atención.

৪০০৪

1040 La libertad nos abre el camino
para hacer muchas veces lo que no debíamos.

৪০০৪

1041 El reloj tiene todas las horas
para que tú elijas las que necesitas.

෪

1042 El lujo de muchos
contribuye a la carencia de otros.

෪

1043 Ninguna persona sabe hasta dónde es capaz,
hasta que haya terminado su camino.

෪

1044 Todas las personas en alguna ocasión carecen de tacto,
porque por mucho que afinemos
nunca para todas seremos exactos.

෪

1045 Quien comete a sabiendas imprudencias,
poco aporta a su educación y convivencia.

෪

1046 No critiques negativamente
a otra persona cuando no te escucha,
háblale de frente, que será para ti como tu mejor ducha.

෪

1047 La filosofía debe ser una casa ambulante,
porque cada uno tiene la suya y todos tan campantes.

෪

1048 Cuando un gobierno tiene los días contados
es porque ya tiene al pueblo frito y asado.

෪

1049 Una de las mejores recetas contra la violencia,
es la buena educación desde el nacimiento hasta su existencia.

೮೦೧೪

1050 Es mas fácil saber dónde vas a llegar,
sabiendo de dónde vienes.

೮೦೧೪

1051 Si hubiera mejores haceres y menos teorías,
habría menos miseria y más alegrías.

೮೦೧೪

1052 Si los que nos gobiernan en sus haceres falsean,
que no se extrañen que muchos ciudadanos
hagan lo mismo en sus tareas.

೮೦೧೪

1053 Quien con su trabajo o haceres diarios no se consuela,
que se pique un poco más, o le pida consejos
a su abuelo o a su abuela.

೮೦೧೪

1054 A muchas mujeres le gusta
salir en las revistas luciendo su embarazo,
pero ninguna dice el dinerito que le ponen en su regazo.

೮೦೧೪

1055 La bendición no es de algunas religiones exclusiva,
también la reciben a los que le toca el gordo de la lotería.

೮೦೧೪

1056 Los supuestos Dioses, deben ser muy negativos,
porque no se han dejado ver
ni por gente moderna ni por los primitivos.

೮೦೧೪

1057 Cuando me asomo a mi ventana y contemplo la ciudad,
me considero un privilegiado,
aunque a muchos lo mismo les da.

∞∞

1058 No busques en tu esposa otra mujer,
que tú la elegiste para amar y proteger.

∞∞

1059 Guarda para ti la mayoría de tus consejos,
y no aconsejes a nadie hasta que seas mayor o muy viejo.

∞∞

1060 El éxito no está solo en la sabiduría,
si no también en el trabajo, el enchufe y la armonía.

∞∞

1061 Hay amores tan enrevesados y locos,
que van matando a la gente poco a poco.

∞∞

1062 Hay muchos que buscan trabajo y otros que piden descanso,
y yo cuanto menos hago más me canso.

∞∞

1063 Si no quieres comerte mucho el coco,
no te metas en lo ajeno y haz lo tuyo poco a poco.

∞∞

1064 Nuestro país está lleno de demagogos y charlatanes,
pero no se extrañen porque muchos viven como señores
y otros como truhanes.

∞∞

1065 Todo lo que estamos hablando tiene mucho sentido,
pero si no lo llevamos a la práctica...
de poco nos sirve todo lo que hemos aprendido.

෴

1066 Entre rezos y penitencia
a miles de seres humanos se les va mucho tiempo,
mientras otros en esas tareas tienen mucho cuidado y tiento.

෴

1067 No te quedes nunca de saber con las ganas,
estudia un poquito cada mañana.

෴

1068 Quien lo quiere hacer todo de una tacada,
que no se extrañe si se queda un día en la estacada.

෴

1069 Me llaman la loca del barrio, pero la loca cansada,
porque me hago diez kilómetros a pie de una sola tacada.

෴

1070 A veces se cometen errores que no son a sabiendas,
pero hay que tener mucho cuidado,
porque algunos no tienen enmienda.

෴

1071 ¡Es una pena, no una manía,
vivir en familia y no tener armonía!

෴

1072 Hay tratos sumamente importantes
que se hacen con muy poco sentido,
por ejemplo, darse el sí quiero
y al poco tiempo estar arrepentido.

෴

1073 Nadie se queja tanto posteriormente de sus condiciones,
como aquellos que anteriormente
han perdido sus buenas ocasiones.

෨෬

1074 Entre el amor y sus juegos
hay armonía y fuego.

෨෬

1075 Es más fácil decir que hay que hacer felices a los demás,
que ser bello porque los has hecho felices.

෨෬

1076 Hay obras que se hacen muy a la ligera y solapadas,
por eso algunas se caen con el peso de las miradas.

෨෬

1077 Yo no reniego de nada y menos de la vida,
aunque la pago a plazos porque así la tengo aprendida.

෨෬

1078 Procura no estar parado y hacer algún oficio,
aunque desde el principio ya sepas
que no vas a obtener muchos beneficios.

෨෬

1079 Hay quien nace entre plumas y otros están desplumados,
mientras unos van de señores otros están arruinados.

෨෬

1080 No compares la velocidad con el tocino, ni lo quieras alabar,
que el tocino es todo grasa y te puedes resbalar.

෨෬

1081 No quieras exigirme tanto que yo me vea limitado,
exígeselo a tu padre que es el que te ha criado.

෨෬

1082 El espejo no necesita retratista, él solo te retrata,
procura no verte feo y así no meterás la pata.

෨෬

1083 Si pagar cientos de miles por unas jugadas no es una burrada,
dejen su burra suelta, en vez de dejarla en el prado atada.

෨෬

1084 Dicen las fans… ¡ay, mi niño, qué alegría,
es todo un portento de voz y de armonía!

෨෬

1085 Las relaciones amorosas muchas veces son dudosas,
por eso algunas duran menos
que las huellas de un gato en la superficie de una losa.

෨෬

1086 Con toda la educación y toda la sabiduría,
nos creemos muchas cosas sin pies ni cabeza todavía.

෨෬

1087 Nada tiene para ti tanto tirón
como aquello que sin pertenecerte
te colma de alegría y te llena de pasión.

෨෬

1088 Al terrorismo en todo el mundo con razón se le amenaza,
olvidándose mucho de las guerras,
que causan el mayor número de muertes y desgracias.

෨෬

1089 Los enamorados levantan pasiones,
los curas y los frailes lo intentan con sus oraciones.

෨ඃ

1090 Quien no haya tenido alguna vez tentaciones,
es porque no ha vivido con ilusión y pasiones.

෨ඃ

1091 Nadie tiene más valor porque lo haya heredado,
el valor es una fuerza innata que de dentro se ha sacado.

෨ඃ

1092 Quien deja a su primer amor,
es ambulante y pica flor.

෨ඃ

1093 Para salir más airoso de un conflicto,
no seas el primero en hablar ni te las quieras dar de listo.

෨ඃ

1094 Es una de las peores tormentas,
cuando hay inestabilidad social y la corrupción aumenta.

෨ඃ

1095 Pues no vivirás tan mal si tienes coche y cochera,
otros no tienen nada y la vida los desespera.

෨ඃ

1096 Los religiosos en las iglesias son tan sensatos como efectivos,
porque siempre están pidiendo limosnas y donativos.

෨ඃ

1097 Los humanos, a veces, nos parecemos a los globos,
cuando nos inflan nos volvemos fieros como los lobos.

෨ඃ

1098 Quien no ama de mayor o da poco cariño,
es porque no ha podido tener buena educación desde niño.

୬୦୧ଓ

1099 Si lo que piensas todo lo dices,
primero tú, y luego con otros, te darás de narices.

୬୦୧ଓ

1100 Si emprendes un negocio y empiezas por la publicidad,
antes de sacarle beneficio el negocio quebrará.

୬୦୧ଓ

1101 El amor es tan sosegado como nervioso,
porque deja a los enamorados
tan ensimismados, como sin reposo.

୬୦୧ଓ

1102 El ritmo de vida que ahora llevamos no es el más adecuado
porque puede dejar a muchos en el camino tirados.

୬୦୧ଓ

1103 No hay persona más humilde y piadosa
que aquella que se ofrece a los demás
sin pedir a cambio otra cosa.

୬୦୧ଓ

1104 Cuando las promesas políticas no son firmes,
la gente se tambalea,
el político se ríe y el pueblo se cabrea.

୬୦୧ଓ

1105 Si todo lo que se sabe se escribiera en versos,
habría más de estos, que estrellas y luceros en el universo.

୬୦୧ଓ

1106 No es lo mismo cantar por soleares que cantar por bulerías,
porque las primeras son melancólicas y las segundas alegría.

৯০৫৪

1107 Quien tiene mucha fachada y poco interior,
es como el que está en penumbra y nunca le da el sol.

৯০৫৪

1108 No me niegues la mirada, o me mires de reojo,
que yo no te la negaría a ti, aunque fueras ciego y cojo.

৯০৫৪

1109 Los dichos y los refranes no están hechos por holgazanes,
sino por gente activa e inquieta, siempre haciendo planes.

৯০৫৪

1110 Las matemáticas no tienen muchas dudas,
pero los matemáticos, muchas veces necesitan ayuda.

৯০৫৪

1111 La verdad no necesita muchas palabras,
necesita más y mejores hechos,
para que nos lleve por el camino más adecuado y derecho.

৯০৫৪

1112 Para domar una fiera no hace falta la fuerza ni el látigo;
la fiera se doma con mucho cariño y buen trato.

৯০৫৪

1113 Quien no ama con los cinco sentidos,
de su amor incompleto se verá arrepentido.

৯০৫৪

1114 No te vistas mucho de gala… ni te pongas etiquetas,
si no es el pueblo quien te quiere y te respeta.

৯০৫৪

1115 Sé que mi escrito puede resultar rutinario,
también sé que muchos tenían cosas importantes que decir
y se han quedado en el armario.

∽∾

1116 No es bueno correr mucho, ni ser precipitado,
pero no es mejor tener mucha cachaza y quedarte atascado.

∽∾

1117 Hay sujetos que se creen los reyes del mundo
y no han llegado ni a pajes siquiera,
hay otros que no se dan importancia
y son activos y luchan como fieras.

∽∾

1118 Donde no hay un buen gobierno y una sana economía,
el pueblo va a la agonía.

∽∾

1119 No se puede encontrar la paz persiguiendo la guerra,
porque es incompatible,
tanto en el supuesto cielo como en la tierra.

∽∾

1120 Interprétalo como quieras,
pero la gran falta de educación es la que nos convierte
muchas veces en desalmados y fieras.

∽∾

1121 El amor solo debía de tener un destino,
no dejar de amar hasta el final del camino.

∽∾

1122 Para saber lo que a otros tu daño hace,
háztelo tú primero a ver si te place.

∽∾

1123 No quieras vivir ausente y tener mucha avaricia,
procura ser pacífico y llevarte bien con la justicia.

෨෬

1124 Si quieres tener una mente más abierta,
relaciónate más con los demás, estudia o inventa,
que son tres caminos esenciales para abrir puertas.

෨෬

1125 Si los partidos políticos fueran enteros, estaríamos más unidos,
pero como todos están partidos, estamos más divididos,
¡así es la política y así sigue el mundo perdido!

෨෬

1126 El amor no tiene fronteras, ni tampoco las necesita,
porque es una cosa interna solo en la mente escrita.

෨෬

1127 Quien tiene mucho y necesita poco,
si no lo reparte está un poco loco.

෨෬

1128 Cuanto más se estudia y se sabe, la gente parece más loca;
quien no sabe ni estudia, ni se altera tanto ni se sofoca.

෨෬

1129 No digas sí, sí, a todo lo que otro te diga; valora tu criterio,
que es entre todos como se levanta un imperio.

෨෬

1130 Si eres el último que habla, te prestarán más atención,
cuando hablan todos juntos se desvía la conversación.

෨෬

1131 La mentira que no es inmediatamente justificada,
en la mente del engañado para siempre queda grabada.

෪෫

1132 Para contribuir al progreso,
hay que aumentar claramente la producción
y distribuir bien los ingresos.

෪෫

1133 Hay matrimonios que se separan sin otro motivo,
que el de cambiar de esposa o marido.

෪෫

1134 La duración de un secreto
está en la fidelidad y el respeto.

෪෫

1135 Si quieres algo sin descanso y sin fatiga,
asóciate con la abeja o con la hormiga.

෪෫

1136 Si quienes tienen el mando no paran la guerra...
es como el que tiene mucho dinero
y prefiere que se pudra en la tierra.

෪෫

1137 Nadie ha cumplido todo lo que ha prometido,
por eso todos llevamos dentro un poco de vanidad.

෪෫

1138 La obsesión por una cosa solo sirve para apartarte
de mil lugares que te podían ser útiles a lo largo de tu vida.

෪෫

1139 Si quieres saber qué es demagogia o falta de armonía,
escucha a los políticos en sus discursos de agonía.

෫ර

1140 Muchas de las cosas que se dicen,
si no van a saco roto es porque otros las bendicen.

෫ර

1141 ¡Porqué no paran las guerras y se ponen a construir,
si la guerra es una lacra que no deja vivir ni dormir!

෫ර

1142 Se nos arrasan los montes, se nos quema la madera,
por tanta falta de limpieza que el monte paciente espera.

෫ර

1143 Antes de criticar a tu vecino,
haz una limpieza tú de lo que tienes de mezquino.

෫ර

1144 La sabiduría que se extrae de los textos es sabiduría robada,
descubre la tuya propia y quedará para otro testada.

෫ර

1145 Es más sabio quien sabe y aporta
que aquel que aporta y no sabe.

෫ර

1146 La afición puede venir dada por un vacío de la obligación.

෫ර

1147 Investígate a ti mismo y verás que no eres tan bueno
como quisieras que fueran los demás contigo.

෫ර

1148 Si redundan tus beneficios sin sacrificio,
no has hecho mucho oficio.

෨෬

1149 El alma es el órgano desconocido por los doctores.

෨෬

1150 La ilusión es como una fruta
que te da vitalidad para seguir adelante.

෨෬

1151 Nadie conoce su profesión al completo,
porque todas son susceptibles de renovación y respeto.

෨෬

1152 En estos tiempos modernos se está perdiendo el respeto,
lo mismo tratamos de tú al presidente que a un cateto.

෨෬

1153 Hay quien intenta contigo ser agradable
empezando con temas desagradables.

෨෬

1154 Los debates políticos son combates dialécticos,
pero, a veces, tienen menos efectos que un pobre antiséptico.

෨෬

1155 El amor de Dios, sobretodo es el amor al prójimo;
el prójimo está a nuestro lado,
a Dios todavía no lo hemos localizado.

෨෬

1156 No me gustan las mentiras ni los amores brujos,
porque suelen ser muy efímeros y llenos de tapujos.

෨෬

1157 ¡Es cierto que todos sabemos que vamos a morir!
Pero no lo es menos que a todos nos gustaría volver a resurgir.

୫୦୧

1158 La afición es la necesidad de la superación,
a veces de lo imposible.

୫୦୧

1159 Yo vivo compensada,
muchas veces me sobra razón y otras la tengo quebrada.

୫୦୧

1160 El desarrollo es el fruto de la supervivencia.

୫୦୧

1161 Cuando no sepas cómo enriquecer tu comida
ponle un poco de picante
que muchos chistes lo llevan y resultan muy elegantes.

୫୦୧

1162 Quien se amolda a lo poco que tiene,
buen uso hace de sus bienes.

୫୦୧

1163 Quien piensa mucho en lo divino
se olvida un poco de lo humano;
se le van los ojos al cielo y detrás se le van las manos.

୫୦୧

1164 El que está loco de amor tiene un gran defecto
porque está su locura casi siempre de manifiesto.

୫୦୧

1165 Quien vive su vida muy estresado
puede verse pronto en una cama postrado.

୫୦୧

1166 Es bueno tener un poco de miedo a lo desconocido,
pero es malo tener miedo a dar un paso adelante
por creer que lo tienes todo perdido.

৪০৫৪

1167 Sexo ambulante,
amor errante.

৪০৫৪

1168 No trates de entender todo lo que has oído,
con que te quedes con lo bueno estarás de sobra cumplido.

৪০৫৪

1169 Hay orgullo malo y bueno, el malo desaparece
si el hombre madura y florece.

৪০৫৪

1170 Hay quien casi nunca se contradice,
pero eso no quiere decir que siempre sepa lo que dice.

৪০৫৪

1171 No hay amores más joviales y sanos
que aquellos que aun siendo centenarios
van cogidos de la mano.

৪০৫৪

1172 Nadie tiene más complejos
que quien tiene la manía de mirarse constantemente al espejo.

৪০৫৪

1173 Las soluciones
son mejor que las bendiciones.

৪০৫৪

1174 Es más fácil que triunfe el que actúa que el que espera,
porque con las manos en el seno
ni se pescan truchas ni se cogen peras.

෨ඣ

1175 La comprensión con los demás es el mejor camino
para llegar al entendimiento consigo mismo.

෨ඣ

1176 El que no gane en la tierra la gloria
que no piense luego en el cielo,
porque después de fallecido todo es frío y hielo.

෨ඣ

1177 Soy de padre africano y de madre americana
y yo he nacido en Andalucía en el pueblo de Dos Hermanas.

෨ඣ

1178 Soy una mujer jovial y estoy llena de locuras
en vez enamorarme de un seglar
me he enamorado de un cura.

෨ඣ

1179 El agua hostigada con viento
deja al transeúnte sin aliento.

෨ඣ

1180 Las frases de los famosos
no hace falta que pasen por la academia,
pues solo con pronunciarlas, se propagan como la epidemia.

෨ඣ

1181 Hay quien se hace famoso por sus grandes méritos y alardes;
hay quien lo hace por ser mezquino y cobarde.

෨ඣ

1182 Cada vez que veo arder el monte se me cae el alma de pena,
porque no ocurriría eso si se le hiciera una limpieza buena.

෨෬

1183 Si la luz que va por delante es la que más alumbra
sea usted optimista y no se quede en la penumbra.

෨෬

1184 No hay peores títeres ni comedias
que los que empiezan bien las obras
y luego las dejan a medias.

෨෬

1185 Deja tus pequeños espacios para resolver tus cosas más
importantes.

෨෬

1186 Hay quien se cree casi todo lo que ve
y hay quien cree en lo que nunca ha visto
y yo creo que fue una imaginación del escritor
la resurrección de Cristo.

෨෬

1187 ¿No sería mejor que recoger refugiados,
recoger la guerra para que no hubiera desplazados?

෨෬

1188 No me extraña que haya mucha gente que viva desesperada,
porque quien podía evitarlo la tiene acorralada.

෨෬

1189 Si quieres saber qué es una amante religiosa
pregúntaselo al sacerdocio
que entiende mucho de eso y de otras cosas.

෨෬

1190 No hay regla que no sea usada
ni amor que no haya sufrido por su amado o amada.

෫ා৫ব

1191 Si quieres saber la angustia de un toro y el valor de un torero,
antes de torearlo pregúntaselo al primero.

෫ා৫ব

1192 De poco sirve que avancemos en sabiduría,
si nos vemos tiznados para resolver los problemas de cada día.

෫ා৫ব

1193 La debilidad de muchos
es el aprovechamiento de pocos.

෫ා৫ব

1194 Si valoráramos bien lo que tenemos
no echaríamos muchas veces mano de lo que no debemos.

෫ා৫ব

1195 Nada hay más viejo que lo que no se usa.

෫ා৫ব

1196 No es fácil elegir el buen camino,
pero hay que intentarlo y no echarle toda la culpa al destino.

෫ා৫ব

1197 Para hacer muchas cosas no basta la decisión y el coraje
hay que tener también rodaje.

෫ා৫ব

1198 Educación, amor, trabajo y deporte
para hombre y mujer su mejor resorte.

෫ා৫ব

1199 El odio suele ir asociado con la cobardía
y el resarcimiento con la valentía.

෨෬

1200 Hay muchos políticos que se ponen de acuerdo,
para no llegar casi a ningún acuerdo.

෨෬

1201 Solo me reúno contigo en contadas ocasiones,
huyo de ti cuando quieres tomar por mí grandes decisiones.

෨෬

1202 Leyendo y viajando se aprende
lo que unos no ven y otros ni quieren ni entienden.

෨෬

1203 El frío de enero y el revuelto febrero,
traen a marzo con sol y aguacero.

෨෬

1204 Nadie es tan sabio
que no siga aprendiendo algo hasta que se muera.

෨෬

1205 El conservatorio de la memoria es la escritura.

෨෬

1206 Quién miente por salvar su pellejo,
es más astuto que viejo.

෨෬

1207 Hay algún político que al gobierno le reprocha,
lo que ellos tampoco estarían dispuestos a pintar
ni con rodillo, ni con brocha.

෨෬

1208 No quieras que todos los que te rodean
de tus dolores estén pendientes,
cada uno tiene su cruz y su parte doliente.

‰‰

1209 Muchas palabras nuevas de ahora son las viejas de antes,
porque también las costumbres suelen ser ambulantes.

‰‰

1210 Quien manda desde la butaca
no tropieza ni en piedra ni en estaca.

‰‰

1211 La violencia que se lleva en la sangre
se acentúa cuando falta el amor y hay miseria y hambre.

‰‰

1212 Hay secretos que se guardan a voces,
por tal motivo, todo dios los conoce.

‰‰

1213 Hay políticos que llevarían al país adelante
a trancas y a barrancas,
pero hay otros que no hay quien los mueva de su ancla.

‰‰

1214 Quien tiene padrino hasta en el vuelo se bautiza;
quien no lo tiene, ni en tierra firme aterriza.

‰‰

1215 Quien gana fácilmente mucho dinero,
tiene más de truhan y pillo que de caballero.

‰‰

1216 Le canto a mi madre porque me dio el aliento,
la vida, el amor y el pensamiento.

෨ඥ

1217 Si quieres que tu escrito
no le pique a los demás como una medusa,
no escribas nada si no tienes buena musa.

෨ඥ

1218 El éxito no siempre viene por el florecimiento de una
buena siembra.

෨ඥ

1219 No hay amor más injusto
que aquel que te dice mucho: ¡te quiero!
Y cada dos por tres te está dando disgustos.

෨ඥ

1220 Sé amigo de la luz que te alumbra,
no de la penumbra, ni de lo que te deslumbra.

෨ඥ

1221 Si quieres que tu caso tenga justicia
intenta resolverlo despacio y sin avaricia.

෨ඥ

1222 De los buenos hechos nacen los derechos,
de los malos la tortura y los desechos.

෨ඥ

1223 Es mucho más fácil criticar al que sale que al que entra;
porque el que sale ya sabes cómo ha dejado las cuentas.

෨ඥ

1224 Muchas parejas no se casan con quien los merece,
sino con quien primero los enloquece.

෨෬

1225 Los celos se parecen mucho a la religión;
se pegan tanto que pueden terminar en obsesión.

෨෬

1226 Mientras haya gente humilde y honrada
pisando el suelo y sin techo,
siempre habrá motivos para reivindicar sus derechos.

෨෬

1227 ¡Casi todo evoluciona de una manera asombrosa!
A unos les va muy bien, pero para otros empeoran las cosas.

෨෬

1228 De poco te serviría ir a procesiones y rezos
si el santo al que adoras
está hecho de madera de higuera y cerezo.

෨෬

1229 La vida es un poco como la ruleta,
si no se para donde tú quieres, te parece incompleta.

෨෬

1230 El secreto es una reivindicación del silencio.

෨෬

1231 Cuando canto me dicen que canto como un grillo
y es que cantar sonoro, no es fácil ni sencillo.

෨෬

1232 Las sortijas son adornos para realzar la elegancia,
como tú la tienes por dentro, te sobra luz y fragancia.

෨෬

1233 Cada vez más pululan las adivinas y los adivinos;
si algunos te aciertan es porque antes
les has abierto tú el camino.

☙❧

1234 El buen camino es el sosiego del peregrino
y el que te lleva a tu destino.

☙❧

1235 Amar es olvidarte de que tienes que recibir algo a cambio.

☙❧

1236 Cuando se actúa ojo por ojo y diente por diente,
se agranda el conflicto y tiembla más gente.

☙❧

1237 Me hubiera gustado escribir aquí solo cosas buenas,
es que el mundo también está lleno de miserias y penas.

☙❧

1238 La velocidad excesiva es el camino más directo
para que te salga todo torcido.

☙❧

1239 No habría atentados ni guerras,
si el hombre fuera verdaderamente consciente
del poco tiempo que vive en la tierra.

☙❧

1240 Una mente feliz es una mente ocupada;
una mente desocupada
es una mente infeliz, viajera y desesperada.

☙❧

1241 El dolor y los errores deterioran los amores.

☙❧

1242 Aunque te creas mejor, obedece a tu director,
porque tú eres ahora capullo y él ya es una flor.

୨୦ଔ

1243 La guerra y los atentados
hacen a los pueblos frágiles y desgraciados.

୨୦ଔ

1244 He nacido colmado de amor, más tarde llegaron los dolores,
al final terminaré en la tumba con algún ramito de flores.

୨୦ଔ

1245 El que carece de vitaminas, la piel tiene poco fina;
el que presume de muchos amores,
más tarde sufrirá sus dolores.

୨୦ଔ

1246 Hay a quien le gusta que lo traten de don,
hay a quien solo le gusta el din,
yo prefiero susurrarte al oído como lo haría un delfín.

୨୦ଔ

1247 Siga usted adelante y no se vea acobardado,
que de la nada salió el universo y fíjese donde hemos llegado.

୨୦ଔ

1248 El hombre terminará con el hombre,
alguno lo dejará bien escrito,
porque lo mismo que avanzamos,
cada vez somos más cabritos.

୨୦ଔ

1249 Cuando el viento sopla con malicia,
el barco se bambolea y el avión mal aterriza.

୨୦ଔ

1250 No hay optimismo que dure toda la vida,
pero el pesimismo, no suele ganar la partida.

෨ൕ

1251 Si os casáis hacedlo con amor sincero,
no lo hagáis por costumbre,
porque puede llegar pronto el divorcio
o para siempre la incertidumbre.

෨ൕ

1252 No entiendo mucho de música y menos de sonatas,
pero sé que los buenos sonidos armónicos
les gustan hasta a las ratas.

෨ൕ

1253 No sueñes con tu destino,
alcánzalo poco a poco
caminando cada día por el buen camino.

෨ൕ

1254 Donde no hay mucho conocimiento,
siempre falla un poco el entendimiento.

෨ൕ

1255 ¡Qué bonita es la moda y qué buena la verbena
y qué hermosa es la moza que me quita a mí las penas!

෨ൕ

1256 Es bueno que haya dinero y mejor repartirlo,
no que unos lo ganen y a otros exprimirlos.

෨ൕ

1257 Mi patria es España de amor y consuelo,
no propiciéis que haya terror y desvelo.

෨ൕ

1258 La envidia sana es amiga y hermana,
la envidia insana es mezquina y marrana.

೨೦೧೪

1259 Por muchas luces que tengas y potentes filamentos,
te alzarás de la tierra, pero no alcanzarás el firmamento.

೨೦೧೪

1260 Discutid vuestras cosas, pero no terminéis en rencor,
porque eso sería una forma de activar el dolor.

೨೦೧೪

1261 Yo no soy muy cristiano, ni tampoco muy ateo,
pero hay muchas cosas que ni en sueños me las creo.

೨೦೧೪

1262 No es más feliz quien a muchos ama,
que aquel que ama y nada a cambio reclama.

೨೦೧೪

1263 Si no quieres verte antes de tiempo hundido,
no dejes tu patrimonio hasta que te veas perdido.

೨೦೧೪

1264 Procura no ser débil ante lo que no conoces,
aunque te lo pida a gritos y voces.

೨೦೧೪

1265 No olvides todas las cosas buenas de los demás
porque una de ellas no te haya gustado.

೨೦೧೪

1266 Uno hace las cosas,
el éxito te lo dan otros y el fracaso tú mismo.

೨೦೧೪

1267 La precaria o mala educación y el abuso del machismo
han llevado a segar la vida de muchas mujeres,
que nos han dado la vida, el amor y el optimismo.

෨෬

1268 Yo también pondero el buen hacer y la legalidad de la justicia,
pues no todos entran por dinero y avaricia.

෨෬

1269 Todos los políticos tienen voluntad de entendimiento,
pero más en sus palabras externas,
que por dentro en sus sentimientos.

෨෬

1270 Donde hay gran abundancia, si no se reparte,
muchos se quedarán sin su parte.

෨෬

1271 La ilusión es hija del optimismo y abuela del pesimismo.

෨෬

1272 No te desilusiones demasiado si los tiempos son adversos,
que nadie ha nacido para quedarse en el universo.

෨෬

1273 Hay a quien le gusta hablar de todo y no hacer de nada,
como el que entra en el agua y no nada.

෨෬

1274 El pájaro que caza en el vuelo,
no necesita buscar tanta comida en el suelo.

෨෬

1275 Mientras la ciencia sigue y avanza,
la educación va para atrás o se estanca
y en esas condiciones el barco pierde el rumbo y no avanza.

෬ᗛ

1276 Haz buen uso de tus bienes
y no seas envidioso de lo que otro tiene.

෬ᗛ

1277 Si no te atreves no lo digas,
pero si lo haces, por delante y en primera fila.

෬ᗛ

1278 Si el tiempo que perdemos en tonterías,
lo dedicáramos en ayudar, cuanta gente lo agradecería.

෬ᗛ

1279 La confianza te da aliento;
la desconfianza resentimiento.

෬ᗛ

1280 El agua salada suele ser tan beneficiosa para los ojos,
como la cachaba y el bastón para los cojos.

෬ᗛ

1281 La fragancia, además de buen olor, es diseño de elegancia.

෬ᗛ

1282 Si repasamos todo a lo largo de nuestra historia,
veremos que siempre ha estado más llena de guerras
que de pasiones y gloria.

෬ᗛ

1283 La verdad que no es la tuya, ni la aceptes ni rehúyas.

෬ᗛ

1284 Todos conocemos el camino de la sabiduría,
pero solo alcanzaremos
la que vayamos descubriendo cada día.

ഇൻരെ

1285 Vivir para morir,
es haber nacido para descubrir.

ഇൻരെ

1286 A la guerra y al poder le queda mucho que aprender,
para salvar la torre de Babel.

ഇൻരെ

1287 Hay medidas cautelares y cautelas bien medidas;
si no que se lo pregunten a los ladrones
que tienen la lección bien aprendida.

ഇൻരെ

1288 Para hacer buen uso del amor y del dinero,
hay que ser muy buen amante y mejor caballero.

ഇൻരെ

1289 Aunque seas delicado y estés siempre a favor del respeto,
siempre habrá alguno al que le resultes indiscreto.

ഇൻരെ

1290 Si como se dice, la vida es solo un tango,
yo me la pasaría bailando desde Bilbao a Durango.

ഇൻരെ

1291 El que se muere no sabe nada del mundo, ni nada le interesa,
haya vivido en la opulencia o en la más humilde pobreza.

ഇൻരെ

1292 Entre padres e hijos casi siempre ha habido desvelos,
porque mientras los primeros están ya posados,
los otros empiezan el vuelo.

ഇൽ

1293 Quien progresa por dentro y no lo exterioriza
es como el que no ha hecho nada
y parece que le han dado una paliza.

ഇൽ

1294 Sería un gran error pensar que la fuerza trae la riqueza.
La riqueza emana del trabajo, el amor y la nobleza.

ഇൽ

1295 No es pobre quien tiene poco,
si no quien tiene mucho y le parece poco.

ഇൽ

1296 Quien quiera gobernar utilizando su veneno,
al final se le volverá en contra lo suyo y lo ajeno.

ഇൽ

1297 Te has pasado la vida llena de trabajo e ilusiones,
crees que no has ganado mucho
pero tienes amigos a millones.

ഇൽ

1298 Me basta un momento para estar contento;
me sobra todo el tiempo para estar
lleno de odio y resentimiento.

ഇൽ

1299 ¡Hazle saber al mundo lo que vale lo poco y lo bueno!
Que lo mucho y malo para nada lo queremos.

ഇൽ

1300 Es más práctico aquel que investiga,
      que aquel que pregunta para que tú le digas.

      ∽✧

1301 Quien va a contracorriente
      casi siempre peca de imprudente.

      ∽✧

1302 Quien sabe y no armoniza,
      él mismo se desmoraliza.

      ∽✧

1303 Es más difícil saber cuáles son nuestros orígenes,
      que saber cuál es nuestro fin.

      ∽✧

1304 Es mejor coger dinero sin sacrificio,
      que tener oficio sin beneficios.

      ∽✧

1305 El reloj es un copión,
      porque marca los segundos al ritmo del corazón.

      ∽✧

1306 En el comportamiento de las personas,
      muchas veces depende de con quién habla, cómo razona.

      ∽✧

1307 Los cinco sentidos en la carretera no son suficientes;
      tienes que usar un sexto, si quieres ser más prudente.

      ∽✧

1308 Si el amor es ciego, debe ser porque cree
      que para amar con el corazón le basta.

      ∽✧

1309 Si con las palabras se construyera en nuestro planeta,
no cabrían ya los rascacielos.

∞∞

1310 Si cada uno de nosotros
aplicáramos nuestra capacidad en silencio,
no criticaríamos tanto la incapacidad de los demás.

∞∞

1311 La resistencia no radica en las palabras,
si no en la consistencia de los hechos.

∞∞

1312 Si la verdad fuera siempre lo mejor para todos,
no hubiera tanta gente que se llevara tan mal.

∞∞

1313 No hay dolor que no encuentre consuelo,
ni corazón que no sufra algún duelo.

∞∞

1314 El ignorante es más feliz que el sabio,
porque carece de dudas.

∞∞

1315 El que lee mucho y poco aprende,
de cultura poco entiende.

∞∞

1316 La política es como un dulce veneno,
a muchos no les gusta pero casi todos la echan de menos.

∞∞

1317 No te irrites si en tu vida tienes mucho o poco trabajo,
porque en la supuesta otra vida… todo se irá al carajo.

∞∞

1318 No valores bien ni mal a tu candidato,
hasta que haya terminado su mandato.

෨෫

1319 Hay científicos que no descartan
la posibilidad de viajar a las estrellas,
mientras millones de personas
se pierden aquí, nuestras cosas más bellas.

෨෫

1320 La democracia es tan relativa y tiene tantos matices,
que hasta los que se creen más demócratas
son meramente aprendices.

෨෫

1321 Qué bien se nos da la prensa,
las fotos, las cámaras y la camaradería,
mientras miles de personas agonizan en nuestro país,
sin pan ni alegría.

෨෫

1322 La religión se parece mucho a las novelas,
unos se obsesionan con ellas y a otros no les cuela.

෨෫

1323 No se es necio por convencimiento,
sino por falta de entendimiento.

෨෫

1324 Las buenas hazañas te pueden cuestionar,
las malas al final te abandonarán.

෨෫

1325 Quien quiera enseñar más allá de lo que sabe,
equivocada tendrá su clave.

෨෫

1326 Remienda tú mismo tus pantalones
y no tendrás que echar mano de otros en tantas ocasiones.

౸౸

1327 El que depende mucho de otros,
muchas veces se verá abandonado y roto.

౸౸

1328 Cuando necesites ayuda pídela
y así no tendrán que leer tus pensamientos.

౸౸

1329 La incertidumbre y el ocio,
están reñidas con el negocio.

౸౸

1330 No hay mayor aventura,
que aquella que se empieza con poco entusiasmo
y termina en positiva locura.

౸౸

1331 El viento cuando viene huracanado y sopla,
ni a los molinos de viento se acopla.

౸౸

1332 Si Dios existiera, no creo que consintiera
que fuésemos tan crueles para estar matando cada día:
por lo tanto, su existencia se quedará en teoría.

౸౸

1333 Un ciudadano al menos debe de tener amor, trabajo y pericia,
y a ser posible llevarse bien, mejor que mal con la justicia.

౸౸

1334　He buscado a Dios por todas partes
　　　y al final lo he podido encontrar en la paz de mi espíritu,
　　　ahora ya conoces dónde está tu Dios.

ഔരു

1335　La justicia y los mandamientos
　　　requieren mucha bondad y sufrimiento.

ഔരു

1336　No consueles a uno para que le sirva de halago,
　　　consuélalo para mitigarle el mal trago.

ഔരു

1337　Lo que el alma alimenta,
　　　ensalza tu espíritu, pero al cuerpo poco le renta.

ഔരു

1338　Se escribe tanto de lo conocido como de lo desconocido,
　　　por eso hay tanta literatura barata y tanto borrico perdido.

ഔരു

1339　Nunca resulta de más valía aquello que no se ha hecho,
　　　que aquello que se hace cada día.

ഔരു

1340　No siempre es peor quien no obedece,
　　　si no quien tiene el mando y con su poder se crece.

ഔരു

1341　Cuando la palabra democracia
　　　se convierte en una frase cualquiera,
　　　hasta el más demócrata, lucha por sus intereses como fiera:
　　　demócrata sí, pero como mando… te domino a ti.

ഔരു

1342 Cada guerra es un infierno,
propiciada por los hombres que componen nuestro gobierno.

ോ

1343 La belleza externa no tiene misterio,
cada uno la ve según su criterio,
la belleza interior al menos necesita paz y amor.

ോ

1344 La maldad no viene avalada por los genes,
si no por una educación vana que a ningún sujeto conviene.

ോ

1345 Si tú no te manejas bien en casa,
no quieras educar a tu vecino.

ോ

1346 Hay mucho ladronzuelo, incluido el de guante blanco,
que es el que menos se nota y nos lleva pronto al barranco.

ോ

1347 Soy un poco egoísta y medianamente reservado,
así me ha enseñado la experiencia y por ella vengo avalado.

ോ

1348 Donde unos ven oscuro, otros ven claridad,
por eso hay tanto desajuste y tan poca hermandad.

ോ

1349 Del pesimismo al optimismo, hay un gran abismo,
no esperes a que te saquen, hazlo por ti mismo.

ോ

1350 Quien murmura para sí mismo y no dialoga con los de fuera,
es como si fuera manso y por dentro puede ser una fiera.

ോ

1351 Sal de la trinchera,
que dentro no luchan ni hombres, ni fieras.

፨

1352 El que no sabe no es el más ignorante,
el más ignorante es quien no quiere aprender.

፨

1353 Los que procuran gastar solo lo justo,
cuando vengan tiempos adversos,
no se llevarán tantos disgustos.

፨

1354 La felicidad es una plenitud amenazada,
porque casi siempre se queda en comedia.

፨

1355 La felicidad que no es compartida,
en el sujeto sigue reprimida.

፨

1356 Para la mayoría de los humanos, no hay mejor paraíso
que poder vivir en paz y armonía, cada uno en su piso.

፨

1357 Dispongo de poco tiempo para quererte
y de mucho para no olvidarte.

፨

1358 ¡Qué pena que yo me llamo Maleno y tú te llamas Malena
y no coincidimos nunca en una romántica cena!

፨

1359 Si no quiere oler a algo peor que a quemado,
sea limpio y aseado.

፨

1360 Conseguir el perdón, puede ser muy importante,
pero no tener la necesidad de pedirlo,
es mucho más elegante.

෨෬

1361 Quien tiene el mando y no lo aprovecha,
es como aquel que tiene mucho trabajo
y nunca está en la brecha.

෨෬

1362 No me pongas en tareas o cargos difíciles,
que hay trabajos que son para maestros y no para aprendices.

෨෬

1363 Ningún país hay pobre en recursos;
pobre es la política que no los utiliza para bien
y se le pasa el tiempo en vagos discursos.

෨෬

1364 Renuncia tus derechos
y verás cómo se aprovechan otros de tus despechos.

෨෬

1365 Antes de sancionar a los países
por no querer acoger a los refugiados,
habría que castigar a los mandatarios
que dejan los pueblos arrasados.

෨෬

1366 Una vaga percepción:
querer arreglar las cosas desde la butaca o del sillón.

෨෬

1367 Como me has hecho tu talismán,
te tengo absorbido como el imán.

෨෬

1368 Para sacar a todos los ciudadanos del infierno,
tiene que dar paz y trabajo el gobierno.

ॐ

1369 Todos estamos dentro de un Dios, pero no de un Dios
infundado, dentro del Dios universo,
que nos da la vida y el amor y al final, el regreso,
porque toda la vida termina en deceso.

ॐ

1370 Crea ilusiones
y no te faltarán ocasiones.

ॐ

1371 Agárrate ahora a lo que vives y no a lo que has vivido,
que si algo se te ha escapado lo tienes ya muy jodido.

ॐ

1372 El tiempo hace lo que quiere y hace lo que debe;
por eso aunque lo critiquemos con él nadie se atreve.

ॐ

1373 Por vueltas que le demos a este mundo tan generoso,
nunca estaremos contentos
si seguimos tan mezquinos y tramposos.

ॐ

1374 El que ejecuta sus ideas anteponiendo su reflexión,
ya posee un gran don.

ॐ

1375 Ni la guapa es tan guapa, ni la fea es tan fea;
la belleza está por dentro y usted que la vea.

ॐ

1376 Los problemas políticos nunca se solucionan,
porque sobran muchas palabras y los problemas se arrinconan.

෨෬

1377 Si la política fuera más eficaz y efectiva,
no habría tanta necesidad de obtener dinero de la primitiva.

෨෬

1378 Es más fácil que coincidan cien técnicos
para resolver el mismo problema
que coincidir al azar diez poetas con el mismo poema.

෨෬

1379 Se dice que los chimpancés se parecen a los seres humanos,
pero no fabrican armas pesadas,
ni se les van las cosas de las manos.

෨෬

1380 El pecado venial de muchos alimentos,
es el exceso de aditivos y de sal que llevan dentro.

෨෬

1381 El anciano suele perder su actual memoria,
pero nunca se olvida de sus viejas glorias.

෨෬

1382 La influencia siempre ayuda a empujar,
unas veces al bien y otras veces al mal.

෨෬

1383 Como dialogante y persona, en política me defiendo,
pero afrontar los problemas, eso es algo tremendo.

෨෬

1384 La diferencia enriquece al hombre;
la igualdad lo aleja de la ambición suprema.

෫෬

1385 Muchas veces la diferencia entre lo bueno y lo malo
no está en las cosas, sino en ti.

෫෬

1386 Cuando perdemos el respeto
dejamos de ser honestos y discretos.

෫෬

1387 De la tolerancia
vienen la comprensión y la elegancia.

෫෬

1388 Quien tolera más de lo debido,
de ello estará un día arrepentido.

෫෬

1389 No jures amor eternamente,
aunque seas muy sensato y tengas fría la mente.

෫෬

1390 ¡Qué bonito es el amor, cuando surge de un flechazo
y qué desagradable e incomprensible
cuando nos da el espaldarazo!

෫෬

1391 No siempre los que más trabajan
son los que amasan más grandes fortunas,
casi siempre carecen de ella y tienen grandes lagunas.

෫෬

1392 El que recuerda sus primeros amores,
no se olvida de sus posteriores dolores.

೫೦೦೪

1393 El que se muere y cree que revive,
en su conciencia dos veces vive.

೫೦೦೪

1394 Hoy se habla mucho
y se solucionan muchas cosas desde la butaca,
como si desde el sillón se arara la tierra
y se pincharan las estacas.

೫೦೦೪

1395 Si todos hablamos y pocos hacemos,
el tiempo mucho perdemos.

೫೦೦೪

1396 Hay muchos mandatarios que son muy autoritarios,
pero les seguimos sus pasos como devotos camino al calvario.

೫೦೦೪

1397 Todo va bien cuando se va a favor de la corriente;
cuando se va en contra, de buena gana te hincarían el diente.

೫೦೦೪

1398 Abunda más la literatura barata
que los nidos de ratas.

೫೦೦೪

1399 No es más listo quien descubre o saca el tesoro,
sino el que finalmente se queda con el oro.

೫೦೦೪

1400 El agua que no se bebe ni se consume,
el río y la mar de ella presumen.

෨෬

1401 Muchas veces parece que escribimos para rellenar hojas,
por eso a veces te pasas con la historia
y otras veces se te queda coja.

෨෬

1402 A veces con la escritura somos un poco cabritos:
escribimos muchas cosas, que otros ya habían escrito.

෨෬

1403 Parece que a la raza humana
solo le interesan algunas evoluciones,
porque hay cosas que han evolucionado menos
que cuando el hombre iba con taparrabos y sin pantalones.

෨෬

1404 Me gusta escribir las cosas cuando se me vienen a la memoria,
si lo dejo para más tarde, se me olvidarían las historias.

෨෬

1405 Quien se corrige a sí mismo,
mucho hace también por los demás.

෨෬

1406 La creatividad no viene, muchas veces, por la necesidad,
sino por el aburrimiento.

෨෬

1407 El que perdona una vez es prudente,
el que perdona dos es benevolente,
el que perdona tres es poco inteligente.

෨෬

1408 Cuando en el deporte se usan grandes medidas de seguridad,
hay poca educación y menos hermandad.

ဆာ

1409 Si vienes de atrás de fama sonante,
aunque no tengas buena voz, serás buen cantante.

ဆာ

1410 La política nos trae cosas dulces, pero también nos da veneno
y como no estemos atentos, cada vez iremos a menos.

ဆာ

1411 Los niños hacen preguntas a los políticos,
que no hacen los periodistas,
porque tienen otra visión del mundo
y no tanta literatura de revista.

ဆာ

1412 El día que se cumplan todos nuestros sueños,
ya no despertaremos de ellos.

ဆာ

1413 A nadie le gusta el dolor, pero a veces hacemos
más por provocarlo que por evitarlo.

ဆာ

1414 Mientras tiraba la basura se me ha ocurrido un dicho,
seleccionarla es un deber ciudadano y no un mero capricho.

ဆာ

1415 El que se anticipa mucho al futuro,
quiere estar antes de tiempo maduro.

ဆာ

1416 La tragedia siempre tiene el mismo destino,
la desesperación y los grandes deseos incumplidos.

ഏരു

1417 Hay que levantarse temprano y no ser tan remolones,
que mucha cama entorpece los cuerpos
y envejece los corazones.

ഏരു

1418 Todas las cosas sirven para algo,
otra cosa es que tú no sepas su utilidad.

ഏരു

1419 ¿Qué son los refugiados?
Una válvula de escape de los países maltratados.

ഏരു

1420 Si eres obediente, terminarás mandando;
si no lo eres terminarás temblando.

ഏരു

1421 El verdadero sabio no pregunta, estudia y luego responde.

ഏരു

1422 Si te casas, como vulgarmente se dice,
no tires la casa por la ventana,
que luego te puede hacer falta el dinero,
para comprar muebles y sábanas.

ഏരു

1423 Si el hombre meditara en lo que dura su existencia,
no tendría tiempo ni espacio, para un momento de violencia.

ഏരു

1424 Con violencia viene la maldad y el robo;
      con buen deseo y amor se consigue todo.

∞⃝

1425 El amor se parece mucho a la sandía,
      si no lo cuidas se estropea o se agría.

∞⃝

1426 Eres un tesoro,
      pero no por lo que vales, sino por lo que te adoro.

∞⃝

1427 Anoche he tenido un sueño igual que una bendición;
      soñé que dormía contigo y solo fue una ilusión.

∞⃝

1428 También en política abundan mucho los padrinos,
      no siempre son iguales los beneficios para todos los vecinos.

∞⃝

1429 Ni siquiera la filosofía es una ciencia exacta,
      cada uno tiene la suya, porque eso nos viene de casta.

∞⃝

1430 El que saca fuerzas de flaqueza,
      aunque no sea muy forzudo tiene valor y entereza.

∞⃝

1431 Dime qué prioridades le das al dinero y te diré cómo vives.

∞⃝

1432 El que hace las cosas antes de soñarlas,
      ya ha cumplido sus sueños.

∞⃝

1433 Lucha para encontrar la verdad, aunque sea diciendo mentiras,
que muchos lo han hecho así y han engordado la tira.

໐ຌ

1434 Mientras, no haya amor y cordura en todo lo que se dice,
siempre seremos dialogantes aprendices.

໐ຌ

1435 Hay quien se deja la piel, pero eso no es suficiente,
hay que dejar también parte del interior,
si quieres ser más eficiente.

໐ຌ

1436 No digas que no te gusta lo ajeno,
si lo de otros echas de menos.

໐ຌ

1437 Para ser más sincero y agradecido,
debes de usar hasta el sexto sentido.

໐ຌ

1438 El sabio, por un lado, está contento por su sabiduría
y por otro está muy triste, porque le falta saber más cada día.

໐ຌ

1439 Me ganarás a sabio, pero no me ganarás a hermanos,
porque nosotros somos veinte y todos vamos de la mano.

໐ຌ

1440 Todos los papas han sido buenos y todos han sido pecadores,
no hay ser humano que viva solo colmado de honores.

໐ຌ

1441 Si te asomas a la ventana y todo lo ves de color nublado,
mejor que levantarte, haberte quedado acostado.

໐ຌ

1442 Decir y hacer es retener y seguir aprendiendo.

&⊃C&

1443 Para parecer mucho más joven de lo que eres,
no tienes más que creértelo tú mismo.

&⊃C&

1444 Si quieres meterte a ladrón, colócate en el gobierno,
que van saliendo más, que malos en el infierno.

&⊃C&

1445 La lista de los corruptos, no se parece a la de los morosos
mientras unos no pagan, los otros acaparan como colosos.

&⊃C&

1446 Si te viene a la mente un deseo que no puedes cumplir,
olvídate de las fantasías y aprende cómo vivir.

&⊃C&

1447 El que piensa mucho y poco dice,
es como aquel que mal respira, con dos pares de narices.

&⊃C&

1448 Quienes llevan una vida pacífica y serena,
no son los que más se interesan
por los que sufren grandes penas.

&⊃C&

1449 No hay mejor señal de alarma,
que aquella que levanta al pueblo y le hace perder la calma.

&⊃C&

1450 Quien teme más por su muerte que por su vida,
no tiene la lección bien aprendida.

&⊃C&

1451 No te preocupes mucho por tus arrugas;
es bueno que te lleguen y no se den pronto a la fuga.

೫౦೧೪

1452 Si quieres que algo no pierda mucho interés,
no lo descubras desde el principio,
desde la cabeza hasta los pies.

೫౦೧೪

1453 Ningún ser humano tiene derecho a quitarle a otros la vida,
porque tarde o temprano por derecho,
todos la tendremos perdida.

೫౦೧೪

1454 Es más fácil que coincidan cien técnicos
para resolver el mismo problema
que coincidir al azar diez poetas con el mismo poema.

೫౦೧೪

1455 El que es buen peregrino,
no se olvida de llevar tiritas y gasas para el camino.

೫౦೧೪

1456 No se unen quienes mejores condiciones reúnen,
sino quienes piensan que la hermandad los une.

೫౦೧೪

1457 Cuando te creas que lo tienes todo perdido,
acuérdate tú también de los que por ti tanto han sufrido.

೫౦೧೪

1458 El amor y los celos,
se elevan hasta los cielos.

೫౦೧೪

1459 No des nunca lo que a ti no te interesa,
da algo bueno que al donado coja por sorpresa.

∞

1460 La separación de bienes en las parejas es una desconfianza
aplaudida.

∞

1461 Todo ser humano está en peligro de muerte,
una cosa es que unos tengan más y otros menos suerte.

∞

1462 La felicidad no hay que buscarla,
hay que perseguirla para alcanzarla.

∞

1463 La buena gente no necesita bendiciones,
ni siquiera las oraciones.

∞

1464 La guerra es el resultado final de los grandes
empecinamientos políticos.

∞

1465 Hoy ya no hacen falta monjas, ni frailes,
porque hay muchos laicos con grandes hábitos.

∞

1466 Los seres humanos nunca aprendemos,
ni aunque sobren medios
para resolver los problemas que tenemos.

∞

1467 Quien sueña mucho despierto,
vive media vida real y otra media en el desierto.

∞

1468 Antes de valorar la veracidad de la Biblia,
sepa la historia de quienes la escribieron y con qué fin.

ഇൻരു

1469 Quien modela la escultura,
quiere hacer de esa imagen una imperecedera criatura.

ഇൻരു

1470 Dicen que quien se olvida de Dios está más con el diablo;
no sabemos si será eso peor
o pasarse la vida rezando sobre un retablo.

ഇൻരു

1471 Lo que requiere poco tiempo y menos paciencia,
no lo recogen los sabios en los libros de ciencia.

ഇൻരു

1472 Qué bonita es la fiesta del vino,
sobre todo si otros la cosechan y yo lo derramo y empino.

ഇൻരു

1473 Me gustan las buenas acciones y detesto las fechorías,
pero ninguno está a salvo de hacer alguna tontería.

ഇൻരു

1474 La libertad del ser humano
está en la cordialidad y portarse como buenos hermanos.

ഇൻരു

1475 Uno empieza a ser más consciente,
cuando va avanzando su vida,
que quiere agarrarse a todo cuando casi la tiene perdida.

ഇൻരു

1476 Si las cosas cayeran del cielo,
no costarían trabajo ni desvelo.

෧෬

1477 Hay quien trabaja mucho para gastar más de lo que necesita
y hay quien no tiene trabajo ni con una mágica varita.

෧෬

1478 El egoísmo y la envidia
están casi siempre presentes en el ser humano,
cuando se truncan nuestros valores
y nos volvemos mezquinos y marranos.

෧෬

1479 Es difícil encontrar defectos en tu palabra,
cuando cada dos por tres,
estás diciendo que los otros están como una cabra.

෧෬

1480 No te aferres en tus palabras creyendo que lo sabes todo,
que hasta los sabios resbalan y caen en el lodo.

෧෬

1481 Si lo que vale mucho cuesta poco,
quien no lo aproveche, es un loco.

෧෬

1482 Cuando seamos ya viejecitos
y no sepan qué hacer con nosotros los hijos,
nos daremos cuenta,
que hay padres y padres e hijos e hijos.

෧෬

1483 Cuando estemos ya solos y no haya quien nos eche una mano,
veremos el egoísmo que existe entre familia y hermanos.

෧෬

1484 Si el amor no fuera tan hermoso,
cuando llega el desamor, no sería tan desastroso.

෨෬

1485 Todos los humanos nos parecemos en el nacimiento,
seguidamente unos dormirán en pompas y espumas
y otros en constante sufrimiento.

෨෬

1486 Mal maestro es el que no aprende nada de su aprendiz.

෨෬

1487 Consejo del abuelo:
antes de dar un paso adelante,
fíjate a ver si está firme el suelo.

෨෬

1488 Quien escribe o habla mucho de lo que no conoce,
es como quien al viento tira coces.

෨෬

1489 Si no quieres hacer más grande el agujero,
procura no hurgar en el hormiguero.

෨෬

1490 Si analizas tu recorrido y palabras,
verás que también alguna vez has hecho la cabra.

෨෬

1491 He llegado a pensar que en el mundo de la política,
aunque no estén enfermos, deberían pasar por la botica.

෨෬

1492 Si quieres dormir a pierna suelta en tu cama o lecho,
tiende al necesitado tu mano y no te hagas el estrecho.

෨෬

1493 Si cada uno tuviésemos lo que nos merecemos,
muchos levantarían la cabeza y otros la bajarían como memos.

1494 Quien se alaba a sí mismo,
ya tiene quien lo quiera.

1495 Ya que no has aprendido a vivir,
que te dejen en paz morir.

1496 ¿Cómo se puede decir que ante la ley somos iguales todos,
si a unos le dan trabajo a porrillo
y otros no tienen para hincar el codo?

1497 Las muertes por guerra, en la opinión pública casi ni se notan,
cuando hay una muerte pasional o de otra índole,
es una gran tragedia y una derrota.

1498 Todos los santos pasados, son venerados y bendecidos,
si los hay actuales, no son ni siquiera reconocidos.

1499 El amor no entiende de retos,
solo de fidelidad, cariño y respeto.

1500 La insatisfacción
es el descontento a tu idealización.

1501 Hay penas que quedan mitigadas
por otras posteriores más grandes.

৪০০৪

1502 Has estudiado mucho para sacar matrícula de honor;
ahora tienes que trabajar mucho
para hacer honor a tu matrícula.

৪০০৪

1503 ¡Para qué sirven madre, tus dolores de parto,
si luego me mandan a la guerra,
que produce más dolor que miles de infartos!

৪০০৪

1504 Si a los que mandan la artillería no les gustara tanto la guerra,
verían que es construir lo que más se necesita en la tierra.

৪০০৪

1505 Se me llena el alma de dichos, quizás con alguna retórica,
pero ¿dónde hay un escritor que no haya escrito
algo así con su pluma loca?

৪০০৪

1506 El tiempo se me pasa como se pasa un aguacero,
por eso yo procuro escribir con faltas, pero sincero.

৪০০৪

1507 La sabiduría está más bien en quien la percibe,
porque el sabio sabe que sabe muy poco.

৪০০৪

1508 A la montaña no se le gana por la cumbre,
sino por la base.

৪০০৪

1509 La felicidad no es muy discreta;
cada uno es feliz, según la interpreta.

〜〜

1510 Aunque viajes por todo el mundo,
nunca encontrarás más belleza,
que aquella que has dejado atrás por insensibilidad y torpeza.

〜〜

1511 Cuando lleguen las elecciones votad,
que el que manda es el pueblo,
después ya están los ejecutivos,
para los buenos o malos arreglos.

〜〜

1512 Todo sujeto sabe que hay muchas cosas que son peligrosas,
pero allá donde está el peligro
se hallan las cosas más hermosas.

〜〜

1513 Cuántas palabras se dicen y se repiten sin pasar a los hechos,
porque es muy bonito hablar, sin dar luego el pecho.

〜〜

1514 Si de verdad los que llevan el timón,
quieren saber qué es el infierno,
que dejen a su familia sin paz y a su pueblo sin gobierno.

〜〜

1515 Si el pan y el trabajo viniesen del cielo,
todavía estaríamos esperándolos
con gran pena y desconsuelo.

〜〜

1516 Si el sufrimiento fuera un impuesto
¡cuántos seres humanos no tendrían para pagarlo!

ହେଇଷ

1517 Las echadoras de cartas son muy buenas consejeras,
te desenvuelven la madeja mejor que finas hilanderas.

ହେଇଷ

1518 Si no ayuda medio mundo al otro medio,
estará perdido para siempre, sin solución y sin remedio.

ହେଇଷ

1519 Necesitamos un gobierno, pero no a cualquier precio,
porque así podría gobernar cualquier inculto y necio.

ହେଇଷ

1520 Un año entero me ha costado besarte,
ha merecido la pena
porque ahora tendré toda la vida para adorarte.

ହେଇଷ

1521 Si no quieres darte pronto de bruces,
respeta las señales en autopistas, carreteras y cruces.

ହେଇଷ

1522 Se pone nervioso y se precipita, quien hace las cosas deprisa,
no quien las sazona y las revisa.

ହେଇଷ

1523 Quien se aísla del mundo sin querer saber nada de lo ajeno,
mucho tendrá que cambiar si quiere volver a ser pleno.

ହେଇଷ

1524 Las campanas nunca van a misa,
llaman a los fieles, pero jamás les meten prisa.

ହେଇଷ

1525 Hay mucha gente dedicada a ahuyentar las penas,
mientras otras solo piensan en derrotas y su barriga llena.

∞∞

1526 Pocos lobos hay delgados,
porque siempre hay algún incauto o descuidado.

∞∞

1527 No te lleves tantas desazones, ni tantos acaloramientos,
has de ser más paciente y buscar mejor entretenimiento.

∞∞

1528 La palabra es el primer pilar donde se asientan los hechos
y la que abre el camino para que todo salga torcido o derecho.

∞∞

1529 Cuando el amor está en juego,
ya se está jugando con fuego.

∞∞

1530 Los magos son la ilusión de los niños,
la perplejidad de los mayores,
porque te sacan de las mangas rosas y ramos de flores.

∞∞

1531 ¿Quién inventa las modas y quiénes se llevan los lotes?
Los que tienen poder y grandes dotes.

∞∞

1532 La paz es un lujo que solo está al alcance de los seres buenos
y de los países sensatos y serenos.

∞∞

1533 Cuántos acuerdos hay de palabras,
que no se cumplen luego de hechos;
por eso hay tanto sin hacer y tanto camino deshecho.

ഏരു

1534 El sentido de las bendiciones está en las creencias,
otra cosa es la ciencia.

ഏരു

1535 ¡Este mundo es bochornoso, lo ven ustedes
en los emigrantes que vienen en pateras
huyendo de sus países como si los persiguiesen las fieras!

ഏരു

1536 El tiempo pasado no vuelve,
pero no deja tranquilo al presente
porque a cada instante lo revuelve.

ഏരു

1537 Hay quien intenta curar otras locuras,
a sabiendas de que la suya, tampoco tiene cura.

ഏരു

1538 Se habla y se escriben muchos folios
cuando hay un desaparecido
y se comenta muy poco
de los que en la guerra quedan perdidos.

ഏരു

1539 Como no sabemos dónde termina nuestro destino,
muchas veces nos equivocamos de camino.

ഏരു

1540 El futuro es imaginario,
porque siempre estamos en el presente.

ഏരു

1541 Aunque te creas de los primeros,
no te olvides de los segundos,
que son los que te cuentan el tiempo
hasta que te vas de este mundo.

೮ಲ

1542 No es fácil facilitarles a otros el camino,
si no lo has andado tú primero y has llegado al destino.

೮ಲ

1543 El que reafirma y no firma,
solo de palabra confirma.

೮ಲ

1544 Piensa en el presente, sin olvidarte del futuro
y finalmente no tendrás tantos apuros.

೮ಲ

1545 Quien no quiera verse en un duelo,
que haga del infierno un cielo.

೮ಲ

1546 Lo malo casi siempre llega a su destino;
lo bueno suele quedarse en el camino.

೮ಲ

1547 El mejor consejero
es aquel que te da amor, trabajo y dinero.

೮ಲ

1548 El compromiso nunca debería ser una estabilidad parcial,
si no el pacto de un trato cabal.

೮ಲ

1549 El cariño y el esmero
no se forjan con el dinero.

෨෬

1550 No solo tropieza el distraído,
si no quien con sus amplios conocimientos
cree que lo tiene todo aprendido.

෨෬

1551 No es suficiente llegar el primero al destino,
si no llegar con acierto y tino.

෨෬

1552 Dale la razón a tu adversario
y se convertirá en uno de tus amigos más necesarios.

෨෬

1553 Los grandes conflictos vienen por las tensiones;
deja tus nervios para contadas ocasiones.

෨෬

1554 Si la razón no tuviera tantos destinos,
no se perdería tantas veces por el camino.

෨෬

1555 Se llama caminar porque se hace paso a paso;
correr mucho te puede traer tropezones y retrasos.

෨෬

1556 Preocúpese de sus dolores
teniendo en cuenta que no todo son satisfacciones y honores.

෨෬

1557 Mi escritura es sencilla porque no soy letrado,
pero me gustaría saber si hay algún escritor
que algo no haya tachado.

❧

1558 Si no eres muy prudente, no hagas muchas promesas,
porque las palabras se sueltan bien, pero los hechos pesan.

❧

1559 Para ahorrar energía eléctrica, no hace falta cambiar el horario,
sino encender las luces solo cuando sea necesario.

❧

1560 Queremos volver atrás después de habernos pasado de rosca,
aunque siempre será mejor que verse luego en la horca.

❧

1561 No quieras crecer tanto de día, que luego viene la noche;
el día te da mucha luz, la sombra solo reproches.

❧

1562 Aunque parezca una locura, hay mucha gente no pudiente,
que tiene que echar mano de lo que deja otra gente.

❧

1563 Nadie está sobrado de conocimientos,
porque para unos, lo que es de bandera,
para otros es un empecinamiento.

❧

1564 Para los científicos y los artistas son los grandes elogios;
con los artesanos y currantes de diario,
casi siempre se quedan flojos.

❧

1565 Hay políticos que sufren una gran pesadumbre,
porque siempre hay quien está dando palos
y echando leña a la lumbre.

෨෬

1566 Si quieres ser fiel a tu peso,
come sano y sin exceso.

෨෬

1567 Los religiosos no deben tener nunca mucha prisa,
porque todos los días del año hay rosario y misas.

෨෬

1568 Disfruta de tu trabajo y beneficios
sin causarles a otros prejuicios,
si no quieres verte luego en tela de juicio.

෨෬

1569 La vida tendría mucho menos sentido,
si a otros muchos no le estuviéramos agradecidos.

෨෬

1570 Es más feliz aquel que no conoce,
que aquel a quien su sabiduría lo lleva a dar gritos y voces.

෨෬

1571 No es más feliz quien tiene más oro,
sino quien ama y mejor cuida su tesoro.

෨෬

1572 Vivir con equivocados pensamientos,
te puede cohibir de otros grandes acontecimientos.

෨෬

1573 Cuando empiezan las primeras arrugas,
la juventud se va a la fuga.

ෂාශ

1574 Si el hombre de lo que vive fuera consciente,
jamás tendría la guerra como defensa presente.

ෂාශ

1575 A quien escucha su corazón,
jamás le gustaría que saliese de él un susurro de traición.

ෂාශ

1576 A nadie le gusta encajar los males,
pero nos ayudan a reflexionar y ser un poco más cabales.

ෂාශ

1577 Procura llevarte bien con tu vecino,
es con quien más veces te vas a encontrar por el camino.

ෂාශ

1578 Si no puedes ya complacer a tu público, dales paso a otros,
porque al final terminarás agotado y roto.

ෂාශ

1579 La ley del embudo,
dejar a unos demasiado cocidos y a otros demasiado crudos.

ෂාශ

1580 Las grandes supersticiones,
solo sirven para extasiarte y dar tropezones.

ෂාශ

1581 Para la presidencia nunca faltan candidatos,
pero ninguno se compromete a terminar con las guerras,
ni por humanidad, ni por recato.

ෂාශ

1582 Me cuesta creer que seamos eficaces,
porque tiramos por tierra mucho de lo bueno
que de nuestro corazón nace.

෨ை

1583 Hay muchos modelos de educación, pero los más efectivos
son aquellos que educan con pasión y sin paliativos.

෨ை

1584 Cuando en el amor surgen los celos,
se parece a un velatorio sin consuelo.

෨ை

1585 Quienes se guían por sus instintos y colores,
no verán las cosas como se las pintan sus progenitores.

෨ை

1586 Diviértase usted y déjese de tiranteces,
que la vida es corta, aunque no maldiga al trece.

෨ை

1587 La mente olvida muchas cosas del presente y del pasado,
pero no se olvida de su amor, el que está enamorado.

෨ை

1588 Gobernar un país es algo muy difícil y serio,
si algunos tuvieran un poco más de vergüenza
temblaría su ministerio.

෨ை

1589 Se le puede llamar perfecto
a aquello que es de mucha valía, pero modesto.

෨ை

1590 Quien piensa en el futuro y sabe vivir el presente,
su vida tiene llena de aliciente.

1591 Enfermedad mental política,
se le puede llamar a los que dirigen la guerra,
porque a nadie le gusta irse de este mundo,
pudiendo ser feliz en la tierra.

1592 Hay muchos para comentar las ideas
y pocos para resolver los problemas,
por eso se nos amontona el trabajo,
como las lágrimas a la Macarena.

1593 No vigiles tanto tu entorno
y vivirás más feliz y sin tanto bochorno.

1594 La mejor forma de satisfacer tus caprichos
es obtener grandes beneficios.

1595 Si cuando hay que callar hablamos
y cuando hay que hablar callamos,
los que vienen detrás, siempre vendrán con reclamos.

1596 No hay nada mejor para evitar un sufrimiento que la ignorancia.

1597 No dejes tu camino pensando que los demás viven de vicio,
que no siempre la vaca del vecino obtiene más beneficios.

1598 Si vas a estudiar para cura,
procura no hacer muchas locuras,
que siempre hay quien murmura.

෪ଔ

1599 No tropieza más el más cojo,
si no el que anda de mollera flojo.

෪ଔ

1600 La voluntad es el primer paso para alcanzar el talento.

෪ଔ

1601 Un don privilegiado,
lo poseen aquellos que son bien educados.

෪ଔ

1602 Quien poco se acobarda y se acompleja,
no tiene espíritu joven, pero sí tiene el alma vieja.

෪ଔ

1603 Hay tantos éxitos y fracasos en la vida,
que por mucho que viviéramos,
jamás moriríamos con la lección bien aprendida.

෪ଔ

1604 A veces para llegar muy lejos, se necesita volver atrás.

෪ଔ

1605 Quien se sacude bien la capa,
de su vecino y del diablo escapa.

෪ଔ

1606 Quien no sabe guardar su propio secreto,
ni a sí mismo se tiene respeto.

෪ଔ

1607 Las propuestas siempre son mejores para quien las propone,
que para quien manda y dispone.

෩ଔ

1608 El que manda, si no sabe mandar para todos,
al final saldrá embarrado en lodo.

෩ଔ

1609 Ser agradable y benevolente
no te hará rico, pero sí tener buen don de gentes.

෩ଔ

1610 Si yo hubiera leído más libros sería más rico en escritura,
prefiero ser más humilde, aunque con menos arquitectura.

෩ଔ

1611 De la envidia y la avaricia
el egoísta se beneficia.

෩ଔ

1612 No da más tranquilidad el bienestar,
que el saber estar.

෩ଔ

1613 Aunque no te creas capacitado,
alguna vez tendrás que hacer de maestro,
porque nadie ha nacido enseñado,
ni se lo han dado todo puesto.

෩ଔ

1614 Si no quieres sufrir como quien sufrió en el calvario,
saca tu personalidad y no la dejes en el armario.

෩ଔ

1615 No son buenos oradores
aquellos que no corroboran sus palabras con trabajo y sudores.

෨෬

1616 El amor y otros lazos
no se componen ni con guerras ni sablazos.

෨෬

1617 El desánimo y la decadencia
contribuyen a acelerar la existencia.

෨෬

1618 Cuanto más se retrasa un juicio
es cuando los más interesados obtienen beneficios.

෨෬

1619 Del amor me quedo con sus frases,
porque está lleno de incógnitas y desenlaces.

෨෬

1620 Si no quieres verte pronto envuelto en las garras de otra fiera,
vuelve cuanto antes a tu madriguera.

෨෬

1621 Para luchar por buenos motivos
hay que ser dinámico y creativo.

෨෬

1622 No escapes de los problemas que te ponen resistencia,
que en resolver lo difícil, es donde radica la ciencia.

෨෬

1623 Escriba con todas las letras y déjese de abreviaturas,
que ahorra muy poca tinta y menos literatura.

෨෬

1624 La buena educación es un gran tesoro
y, aunque usted no se lo crea, vale mucho más que el oro.

❧

1625 Se le llama también bufete de abogados,
de sus despachos salen muchos bufando y escaldados.

❧

1626 Si de novios ya se suceden los problemas,
de casados huele la casa a quemado.

❧

1627 Cuando el poderío se junta con el poder
¡cualquiera puede con él!

❧

1628 No es el invierno lo más frío y lo peor,
si no quien está a tu lado y no te da luz ni calor.

❧

1629 El gran valor de un secreto, no está solo en guardarlo,
si no en saber cuándo hay que divulgarlo.

❧

1630 La Biblia y las religiones,
llenas están de sermones.

❧

1631 La inocencia es el camino que te libra de las preocupaciones.

❧

1632 El exceso de confianza da paso a tropezones innecesarios.

❧

1633 Lo peor que tienen las guerras es saber cuándo las empiezan,
pero nunca saber cuándo las terminan.

❧

1634 Aunque no sepas si ese trabajo te conviene,
solo con empezarlo ya te entretiene.

෨෬

1635 Quien escucha su cuerpo y por él se guía
sabe qué hacer cada día.

෨෬

1636 Con las miradas y los guiños
viene el roce y el cariño.

෨෬

1637 Si no fuera por la obsesión a las cosas y los empecinamientos,
no habría grandes acontecimientos.

෨෬

1638 Quienes abusan mucho del coche y de las sillas,
se ponen tiesos como las morcillas.

෨෬

1639 Las religiones han sido fundadas
por un sentimiento espiritual de no resignación
hacia la mortalidad eterna.

෨෬

1640 Los amores que van y vienen
no duran mucho, pero entretienen.

෨෬

1641 Aunque hagas de tu vida buen uso,
no te faltará algún abuso.

෨෬

1642 No conozco nada más deseado que la razón;
todo el mundo quiere tenerla y nadie quiere soltarla.

෨෬

1643 Quien se agota sin hacer apenas esfuerzo,
que acuda al médico, que necesita refuerzo.

℘

1644 Quien tiene paciencia
aumenta la existencia y enriquece la ciencia.

℘

1645 El que no te ayuda a sacar las castañas del fuego,
no quiere saber mucho ni de ti ni de tu juego.

℘

1646 El dolor y la pena no es cosa buena,
pero no es tan grave cuando es ajena.

℘

1647 No gana la guerra quien lucha y pelea,
sino quienes inventaron tan indigna tarea.

℘

1648 Suele poner cara de poema,
quien de algo huye o se quema.

℘

1649 No son los mejores consejos aquellos que vienen de lejos;
porque quien bien te aconseja, de ti no se aleja.

℘

1650 Quien no selecciona desde casa su basura,
es un poco desordenado, aunque tenga mucha cultura.

℘

1651 El amor no muere de forma natural,
lo matamos nosotros con el trato que le solemos dar.

℘

1652 Si en junio se moja la era,
el trigo y el garbanzo se desespera.

∽∝

1653 Cuando yo era joven iba a la piscina y a gimnasia,
ahora paso por allí de largo y me detengo en la farmacia.

∽∝

1654 La hacienda y los bienes no son para quien los quiere,
si no para quien los tiene.

∽∝

1655 Los más detractores
suelen ser los más enemigos de aportar ayuda y favores.

∽∝

1656 Cuando no tengo jamón ni lomo, casi de todo como;
cuando no tengo hambre, meto más ruido que un enjambre.

∽∝

1657 Si quieres no levantar cabeza o perder dinero,
pídele un préstamo a un usurero.

∽∝

1658 ¡Qué difícil lo tienen los refugiados de guerra;
se quedan sin casa, sin familia y sin tierras!

∽∝

1659 No es más famoso quien más escribe,
si no quien más se da a valer y mejores críticas recibe.

∽∝

1660 Nunca un sabio ha sabido tanto,
como cuando terminó diciendo que no sabía nada.

∽∝

1661 La rutina no será lo mejor,
pero sin ella todo sería una ruina.

∞⌘

1662 Lo peor que tienen algunos sueños es que, cuando
despiertas, tienes miedo a hacerlos realidad.

∞⌘

1663 El amor de los jóvenes es como el fuerte viento;
si te coge de lleno, te lleva hasta el pensamiento.

∞⌘

1664 Los celosos son cazadores, de hecho,
porque constantemente están al acecho.

∞⌘

1665 Quien tarda en expulsar fuera sus malas toxinas,
constantemente tendrá que estar con la medicina.

∞⌘

1666 Cuando me cortan las alas utilizo los pies,
porque la caída del vuelo, mortal es.

∞⌘

1667 La fregona no se puede considerar como un invento,
sino en el fregoteo un mejoramiento.

∞⌘

1668 Revive tu feliz aventura
y serás más feliz que cualquier criatura.

∞⌘

1669 La valentía y la resistencia,
con la vejez van perdiendo su potencia.

∞⌘

1670 Los secretos de los amantes,
se suelen descubrir más pronto que los finos diamantes.

෴

1671 Si la crítica no fuese tan sencilla,
no se criticaría tanto, ni desde la butaca, ni desde la silla.

෴

1672 Quien tiene la mosca detrás de la oreja,
algo le huele mal o de algo se queja.

෴

1673 Aunque críes muy buena fama,
no todo el mundo te aplaude y te aclama.

෴

1674 El hombre no es tan listo como parece,
a veces cree cosas que ni al más torpe obedecen.

෴

1675 De poco te serviría todo el oro,
si no tuvieras el alimento como mejor tesoro.

෴

1676 La medicina química está sacada de la natural;
multitud de veces resulta eficaz, pero otras muchas… fatal.

෴

1677 Como no tengo para lujos, no puedo presumir de ello,
porque una vez que lo intenté, casi de narices me estrello.

෴

1678 Hay que ser menos divino de lo espiritual
y más divino de lo humano,
que solo esto último es lo que tocamos con nuestras manos.

෴

1679 No delegues a otros lo que creas que solo es de tu interés,
o después no te quejes si te lo hacen al revés.

෧෨

1680 Hay muchos políticos que se consideran progresistas,
pero mientras no veamos sus buenos hechos,
tendremos los mismos problemas a la vista.

෧෨

1681 No me gusta escribir muchas cosas con toda la certeza,
porque cada uno las interpretamos según nuestra cabeza.

෧෨

1682 Para la buena mesa y las buenas interpretaciones,
siempre habrá un menú compuesto de buenas razones.

෧෨

1683 Quien no vive con un poco de ambición,
pocas agallas tiene cuando hay que tomar una decisión.

෧෨

1684 Hay palabras que duelen mucho más que los hechos,
no solo te tocan el corazón, sino que te lo dejan deshecho.

෧෨

1685 Aplícate tú la justicia
y verás que también hay algo en ti de indeseable y de malicia.

෧෨

1686 Cuando se obtiene la verdad, siempre se acierta;
pero a ver quién la tiene,
porque todos la llevan desde que entran por la puerta.

෧෨

1687 En nuestra sociedad nunca seremos muy justos,
siempre habrá quien trabaje mucho para obtener poco
y nunca faltará algún corrupto.

෫෦ඏ

1688 Quien ha corrido mucho mundo y luego vuelve a sus andadas
o es débil de cabeza o la tiene poco asentada.

෫෦ඏ

1689 Ha habido ministros de más de una cartera,
si no le funciona la segunda o la tercera,
siempre se quedará con la primera.

෫෦ඏ

1690 Eres aprendiz de casi todo, oficial quizás de tu empresa
y maestro solo de lo que te interesa.

෫෦ඏ

1691 La imaginación es el sueño de cuando se está despierto.

෫෦ඏ

1692 Hay quien dice que el amor le resbala.
¿No será porque el suyo es inseguro como una bala?

෫෦ඏ

1693 Quien trabaja solo para otros y a sí mismo no se cuida,
su vida pone en peligro o al menos la descuida.

෫෦ඏ

1694 No es suficiente solo con dar la mano,
hay muchas formas de ayudar
a nuestros necesitados hermanos.

෫෦ඏ

1695 Si el corazón fuese solo un músculo, sería una calamidad;
por suerte es un motor completo que rige a toda humanidad.

౸౿

1696 Entre el amor y el juego
están la pasión y el fuego.

౸౿

1697 La mejor forma de tratar al enemigo,
es hacer lo imposible para que vuelva al redil de tus amigos.

౸౿

1698 Fíjense ustedes si seré sencillo,
quisieron hacerme cura y no he querido pasar de monaguillo.

౸౿

1699 La política actual más que liada está hecha un nudo,
mientras unos quieren derribarlos,
otros siguen haciendo muros.

౸౿

1700 Si todo lo que se dice se llevara al teatro,
faltarían actores y actrices para descifrar nuestros relatos.

౸౿

1701 Hay palabras que valen mucho más que un tesoro,
por eso se recogen y se guardan más que el preciado oro.

౸౿

1702 ¡Hay que ver cómo avanza ahora la ciencia
mientras la misma a muchos les amarga la existencia!

౸౿

1703 El hombre se escuda en Dios o en lo divino
para creer en su inmortalidad,
pero tiene que ser consciente que lo mismo que vino, se va.

෯෬

1704 Quien se revela contra sí mismo,
no se da cuenta que está caminando a su propio abismo.

෯෬

1705 Vete un poquito despacio, si ves que tienes prisa,
que otros también la han tenido y han perdido hasta la camisa.

෯෬

1706 Como soy presidente me toca gobernar y gobierno;
para unos seré gloria y para otros como un infierno.

෯෬

1707 Es posible que unos escribamos mucho y hagamos poco,
pero al menos queda escrito para que recapaciten otros.

෯෬

1708 Has de saber que quien te llene de elogios e ilusiones,
lo tiene que demostrar con hechos, no solo con intenciones.

෯෬

1709 La caída puede que no sea por dar un mal paso,
pero si no caminas asentado, tendrás asegurado el fracaso.

෯෬

1710 Si vas en camisa en diciembre y enero,
en los meses siguientes no esperes buenos agüeros.

෯෬

1711 La revolución es la válvula de escape de los inconformistas,
pero si no hubiera revolución,
ni se cambiaría de escenario ni de artista.

෨෬

1712 Si no hubiera multitud de opiniones,
serían muy escasas las interpretaciones.

෨෬

1713 Mejor que disculparse de un mal hecho,
es haber meditado bien antes de haberlo hecho.

෨෬

1714 Me voy a comprar un robot a ver si me da buenos consejos,
porque los que tú me has dado, ya los adivinaba desde lejos.

෨෬

1715 Quien vive a cuenta de otro y se viste de ajeno,
ni necesita su cuenta, ni necesita otro estreno.

෨෬

1716 Los productos ecológicos no tienen mayor secreto,
todo obtienen de la naturaleza con orden y respeto.

෨෬

1717 Los consejos que no aprendas de naturaleza,
los aprenderás de tus padres con cariño y nobleza.

෨෬

1718 La dificultad es el mejor camino para el aprendizaje.

෨෬

1719 El mejor maestro es aquel que aprende algo de su alumno.

෨෬

1720 Quien se cree todo lo que le dicen,
muchas veces se dará de morros o de narices.

୫୦୧

1721 Según sean de positivos nuestros pensamientos,
así nos serán de ayuda en nuestros sufrimientos.

୫୦୧

1722 El que tiene inteligencia y no la utiliza,
es como aquel que dice que es educado y te da una paliza.

୫୦୧

1723 Los sonidos de la música se parecen a los del corazón,
cuando hay arritmia y falta de armonía, todo hace mal son.

୫୦୧

1724 No todas las parejas se separan
por falta de cariño o entendimiento,
sino porque a muchos les cambia el morbo
y desvían los sentimientos.

୫୦୧

1725 El mundo no se arregla solo con parlamentos e ideologías,
sino actuando y apechugando con los problemas de cada día.

୫୦୧

1726 Generalizar los problemas de un país no sirve para nada,
siempre hay quien tiene mucho y otros no tienen nada.

୫୦୧

1727 Si se hiciera todo el trabajo que necesita la humanidad,
no habría nadie parado en ninguna comunidad.

୫୦୧

1728 Si no son buenas las armas,
no le des licencia a quien las hace, ni a quien las arma.

&)C&

1729 Fundamentamos el mal solo para los ajenos,
porque creemos que solo nosotros somos los buenos.

&)C&

1730 Si quieres que no se vuelva contra ti la violencia,
educa con firmeza y benevolencia.

&)C&

1731 Cuando no tengo algún sentimiento o reclamo,
a nadie quiero, ni a nadie amo.

&)C&

1732 La vid da el vino, la higuera el higo
y tú me das a beber de tu perfume divino.

&)C&

1733 Las armas y la violencia
el mejor camino para acelerar el final de nuestra existencia.

&)C&

1734 Si quieres trabajar un poco el volumen de tu barriga,
haz un poco de deporte adecuado, que él te la mitiga.

&)C&

1735 Los amores eternos solo son aptos
para los que creen en el más allá.

&)C&

1736 Si los billetes se comieran
no habría papel suficiente para alimentarnos.

&)C&

1737 Quienes aceptan todos los consejos de los demás,
no son los más adecuados para tomar decisiones propias.

∽∾

1738 No hables mucho con los clientes y trabaja,
si quieres tener más trigo y dejar a un lado la paja.

∽∾

1739 Quien mucho promete y poco hace,
no es bueno para político ni para hacer las paces.

∽∾

1740 El amor se necesita en todos los terrenos:
¡dichoso al que no le falte que siempre vivirá pleno!

∽∾

1741 A veces, pasamos página y no nos paramos en ella,
para no reflexionar y evitar alguna querella.

∽∾

1742 Criticar insistentemente un mal hecho,
puede ser tan malo en sí como el propio hecho.

∽∾

1743 La crítica buena puede resultar constructiva;
la mala pésima y destructiva.

∽∾

1744 Las críticas al gobierno suelen ser negativas y constantes,
porque torear desde la barrera es más fino y elegante.

∽∾

1745 A más sabio más locura,
entonces ¿para qué tanta sabiduría y tanta cultura?

∽∾

1746 Cuanto más insisto en aprender,
más me falta por saber.

ፚჂᲥᲠ

1747 Lo que unos tienen de más, otros lo tienen de menos;
así es que siempre habrá pobres
por mucho que nos empeñemos.

ፚჂᲥᲠ

1748 Si quieres un buen consejo, come pan con queso,
y remátalo con abrazos y besos.

ፚჂᲥᲠ

1749 Si se cumplieran todos tus deseos…
¿cuántas veces podrían ser tenebrosos y feos?

ፚჂᲥᲠ

1750 Con la imaginación no alcanzarás todo lo desconocido,
pero sin imaginación, tendrías mucho perdido.

ፚჂᲥᲠ

1751 Los juegos de azar se empiezan con ilusión,
y se persiguen con ambición.

ፚჂᲥᲠ

1752 Lo peor que tiene la bondad es que los más bondadosos,
suelen tener poco para dar.

ፚჂᲥᲠ

1753 La costumbre es una de las mejores defensas contra el olvido.

ፚჂᲥᲠ

1754 Hay crímenes que se investigan hasta la saciedad;
hay otros que ni se entera la sociedad.

ፚჂᲥᲠ

1755 No preguntes solo para saber la opinión de los demás;
pregunta para construir tu verdad.

๛

1756 La ilusión sale más de los buenos sentimientos,
que de muchos conocimientos.

๛

1757 Morir de amor es una irónica tontería,
porque si fuese así, moriría por cientos cada día.

๛

1758 El arte de gobernar es algo tan relativo,
algunos gobernantes siguen tan anclados como los primitivos.

๛

1759 Quien va adelante avanza, y quien no anda atrás se queda;
eso me enseñó mi abuelo y en mi memoria se queda.

๛

1760 A veces la opinión de muchos ni siquiera va a misa,
pero uno solo con mando, como quiera, te mete prisa.

๛

1761 Si el hombre se diera cuenta del valor que tiene en la Tierra,
no invertiría dinero en otros planetas
para alcanzar solo miserias.

๛

1762 El dinero que bien no se distribuye,
del necesitado huye.

๛

1763 Si quieres saber qué es una locura,
échale un vistazo a las cosas que se tiran a la basura.

๛

1764 Para tener menos defectos
basta con no estar siempre criticando los de los demás.

෨෬

1765 Nuestro mundo es multicolor,
el que no pica piedra, puede picar flor.

෨෬

1766 Si quieres saber la gran valía de una hoja,
escribe en ella todo lo bueno que te coja.

෨෬

1767 No obres como te dicte tu conciencia,
sin reflexionar primero sobre sus posibles consecuencias.

෨෬

1768 Cumple bien con tus obligaciones
y no te inmiscuyas tanto en ajenas conversaciones.

෨෬

1769 Si quieres una buena educación
no te aferres solo a lo moderno,
que la tradición es más duradera aunque no hay nada eterno.

෨෬

1770 En vida hacemos pasar
a nuestros seres queridos muchos dolores,
después, en su tumba, los colmamos con ramos de flores.

෨෬

1771 Difundir lo que tienes de bueno,
es echarte un piropo con los ajenos.

෨෬

1772 "Morir por la patria" quiere decir
que no hemos sido capaces de mantener la paz en ella.

࿇

1773 Si cada uno hiciéramos el bien cada día,
la guerra ni se conocería.

࿇

1774 Si haces el bien, aunque por los demás seas olvidado,
de conciencia estarás salvado.

࿇

1775 De poco te sirve que te paguen por tu trabajo más dinero,
si luego multiplicas tú los gastos que tenías primero.

࿇

1776 Tus lazos serán más amenos,
si te ocupas más de los tuyos y no tanto de los ajenos.

࿇

1777 Es un poco desolador que queramos llegar a otros planetas,
y a muchos los dejemos aquí sin recursos y en la cuneta.

࿇

1778 En el mundo hay muchos sargentos,
los que no te azotan con el látigo,
te azotan con sus pensamientos.

࿇

1779 Quien come mucho y bebe poco,
se verá morir poco a poco.

࿇

1780 Quien casi no come ni bebe,
la vida se le hace breve.

࿇

1781 Quien come y bebe lo justo,
vive y muere a gusto.

1782 Si no quieres dar en la vida muchos tropezones,
antes de dar un paso, mira bien dónde pones tus talones.

1783 Poco le duran las ilusiones,
a quienes toman precipitadas decisiones.

1784 La presión arterial es una de las guías,
para saber cómo cuidas tu cuerpo día a día.

1785 Quien tome nota de su sabiduría,
se dará cuenta que necesita hacerlo día a día.

1786 Si creéis que puede terminar en combate,
no empecéis vuestro debate.

1787 Según el dinero que se tiene son los gastos,
por eso yo con poco dinero me basto.

1788 Se nos va el tiempo entre dijes y diretes,
hablando de los demás y dándoles cachetes.

1789 No hay que eructar a chorizo habiendo comido solo morcilla,
hay que vivir de realidades si quieres tener una vida sencilla.

1790 La guerra para muchos políticos es la más firme asignatura,
porque en todas las épocas se endurece y perdura.

∞CR

1791 Los refranes y dichos
no se dicen ni se escriben por capricho.

∞CR

1792 Si no te lo digo, reviento,
porque me molesta y me duele llevarlo dentro.

∞CR

1793 Quien no entra al trapo,
es que no quiere verse por el suelo sucio como un guiñapo.

∞CR

1794 La política casi siempre está revuelta y nunca exenta de dilema,
el pueblo se calienta y a veces hasta se quema.

∞CR

1795 La pasión que tú tienes, otros vienen y te la quitan,
por eso tu corazón tiembla y hasta palpita.

∞CR

1796 ¡Miseria y pena,
abundan en cadena!

∞CR

1797 No te inmiscuyas en guerras ni peleas,
donde solo verás fuego y tea.

∞CR

1798 Los amores locos
son los más efusivos, pero suelen durar poco.

∞CR

1799 Quien maltrata, puede que quiera… pero no ama,
porque quien ama, no maltrata ni a caballero ni a dama.

෨〇෬

1800 El hombre olvida a veces sus deberes,
pero rara vez sus necesidades.

෨〇෬

1801 No tomes nunca una decisión a la ligera,
porque puede ser susceptible de disgustos y quimeras.

෨〇෬

1802 El optimismo es la primera herramienta para comenzar un
proyecto. El pesimismo, la razón del decaimiento.

෨〇෬

1803 La soledad es el mejor motivo para recordar a los demás.

෨〇෬

1804 Se dice que no hay que vivir en Babia,
que hay que tener más luces,
pero, lo cierto es que, cuanto más se sabe, más se sufre.

෨〇෬

1805 La ley es muchas veces la que hacemos,
no la que queremos.

෨〇෬

1806 El tiempo es el elemento más mencionado,
porque vivimos en el tiempo y en el tiempo nos quedamos.

෨〇෬

1807 Si quieres saber cómo son de honestos
los políticos en su partido,
infórmate bien de lo que tienen antes
y de lo que después se han repartido.

෫ඐ

1808 Cualquier cosa puede tener soluciones,
pero no se pueden solucionar solo con rezos y bendiciones.

෫ඐ

1809 No te ofrece beneficios ni garantía,
aquello que ni te ayuda ni te guía.

෫ඐ

1810 Siempre que puedas procura hacer alianzas,
por si un día no puedes,
habrá quien ayude a llenarte la panza.

෫ඐ

1811 La plena satisfacción
no es cuando te dan todo lo que mereces,
sino cuando tú das lo que otros se merecen.

෫ඐ

1812 Vuelve a rehacer tus sueños de niño
y no te faltará amor y cariño.

෫ඐ

1813 A mí también me gusta, a veces, escribir algún que otro taco,
porque también me nutro de ellos,
como de leche los berracos.

෫ඐ

1814 Vive tu vida y no te metas en las ajenas…
si no es para mitigar sus quejas y penas.

෫ඐ

1815 Hay gente con tan poca suerte y tan mala fortuna;
que más que mirarse en agua clara,
están al borde de putrefactas lagunas.

෫〇෫

1816 Quien más sabe, más tropieza,
pero saca a muchos de dudas,
y a otros les lima las asperezas.

෫〇෫

1817 Todos los refranes encajan,
unos como el trigo en el pan, otros como el maíz en la paja.

෫〇෫

1818 No hagas nunca mucho alarde de tu salud,
que puedes perderla antes
de que se apague o se encienda una luz.

෫〇෫

1819 Si no quieres verte con frecuencia en un hoyo,
búscate buenas referencias y buen punto de apoyo.

෫〇෫

1820 Lucha por lo que tienes y por lo que te conviene,
aunque, muchas veces, no sea lo que más te entretiene.

෫〇෫

1821 Aunque sea muy largo el camino o muy estrecho el sendero,
tú llegarás al final, aunque no seas el primero.

෫〇෫

1822 Al burro le duele cuando le dan en la matadura,
por eso a otros no debes decir cosas desagradables o duras.

෫〇෫

1823 La vida es un regalo de la naturaleza;
la muerte es la caducidad de todo lo que en ella reza.

∞⃝

1824 Siempre andamos detrás de los maleantes, corruptos y tunos;
yo creo que es una inutilidad,
porque aquí en la tierra… no nos salvamos ninguno.

∞⃝

1825 Si la corrupción es un fracaso,
es porque elegimos a quien promete mucho
y de valía es muy escaso.

∞⃝

1826 Hasta el secreto mejor guardado,
al final cae en paño mojado.

∞⃝

1827 Los curiosos se preocupan por mirar las cosas.
Los bondadosos se preocupan de hacerlas.

∞⃝

1828 Si quieres vivir como un extraño,
mira de reojo o métete a ermitaño.

∞⃝

1829 Casi todo lo que está lejos de su presencia,
es lo que más apasiona a la ciencia.

∞⃝

1830 Si quieres tener más tranquila la conciencia,
no revuelvas lo ajeno con tanta insistencia.

∞⃝

1831 El agua rompe caminos,
pero también ayuda a que trabajen bien los intestinos.

കൃ

1832 Conversa con un sabio y siempre tendrás dudas;
arrímate a un cateto y nunca aprenderás nada.

കൃ

1833 La sabiduría humana no consiste en estudiar mucho,
sino en aprovechar para bien lo que se conoce.

കൃ

1834 Cada prospecto de los medicamentos
parece un testamento:
debe de ser para que todo quede testado
por si hay algún fallecimiento.

കൃ

1835 Si quieres vivir un poco más loco,
cómprate un teléfono moderno
y hasta viajando en el tren te irá comiendo el coco.

കൃ

1836 Lo peor que tiene la democracia
es la diversidad de interpretaciones para un mismo fin.

കൃ

1837 Lo mejor que tiene el modernismo
es que es fiel a muchas cosas del pasado.

കൃ

1838 No hay herida que más duela que aquella que llega al alma,
sin producir ni una gota de sangre.

കൃ

1839 Nunca habrá igualdad humana
porque la balanza se ladea por donde puede,
no por donde le da la gana.

෨෬

1840 No me critiquen mucho si encuentran algo repetido,
que el rosario se repite mucho y los fieles están agradecidos.

෨෬

1841 Creemos en la democracia, creeremos en el gobierno,
si nuestras instituciones no nos conducen hacia el infierno.

෨෬

1842 Cuando necesites ayuda no te refugies en ti mismo;
pide ayuda para salir cuanto antes del abismo.

෨෬

1843 Quien tiene mucha prisa en vivir,
en el intento puede morir.

෨෬

1844 La envidia y el dinero,
hacen al hombre eficaz y traicionero.

෨෬

1845 Nadar contra corriente
es como masticar sin dentadura eficiente.

෨෬

1846 El ansia es como un afluente,
desaparece cuando se seca la fuente.

෨෬

1847 El silencio forma parte de la oración del humilde.

෨෬

1848 Ser buena persona no está en la mente de todos,
de ahí que siempre haya muchos pisando polvo y lodo.

ॐ

1849 Si cada libro que se escribe costara un sacrificio,
muchos escritores se quedarían sin pluma y sin oficio.

ॐ

1850 La banca nunca pierde, la banca siempre flota,
si va mal es porque la guían maleantes y marmotas.

ॐ

1851 Si quieres seducir al mono
lleva algo en tu mano y baja el tono.

ॐ

1852 Hacían buena liga Don Quijote y Sancho,
a pesar que uno era muy largo el otro era muy ancho.

ॐ

1853 Si la luz encendiese solo cuando le hace falta…
no gastaría usted lo que a otros les falta.

ॐ

1854 Por todos los sitios sacan dinero los obispos y sacerdotes,
por eso yo los considero más listos que los coyotes.

ॐ

1855 No debo colarme porque tenga motivos,
debo entrar si soy bien recibido.

ॐ

1856 Si te gusta comer de todo… procura que sea un poquito,
no sea que te pongas gordo como un cerdito.

ॐ

1857 Quien no ve la tristeza en otros ojos
de visión anda muy flojo.

ഇരുന്ന

1858 Donde no hay armonía y respeto
nada está completo.

ഇരുന്ന

1859 El prestigio se da muchas veces al reconocimiento de una
trayectoria equivocada.

ഇരുന്ന

1860 Donde no hay decisión y paciencia
siempre falta la esencia.

ഇരുന്ന

1861 Es muy bonito querer alcanzar la Luna,
mientras muchos aquí mueren
en la guerra y de pura hambruna.

ഇരുന്ന

1862 Las leyes hay que aceptarlas como son,
pero a muchas no se le presta ni la mas mínima atención.

ഇരുന്ന

1863 Dale luz y armonía a tu vida,
que la sombra te llegará cuando ésta la tengas perdida.

ഇരുന്ന

1864 Quien no sepa valorar bien lo bueno,
mejor que se dedique a lo suyo y deje lo ajeno.

ഇരുന്ന

1865 Si se te acaba la tarea haz deporte o ayuda a tu vecino,
no te quedes parado ni te aburras, que vas por mal camino.

ഇരുന്ന

1866 Cuando no sepas qué hacer no te pongas a rezar,
ponte a caminar.

৪৩

1867 Quien da palos al agua,
es como quien tiene hierro y no lo funde en la fragua.

৪৩

1868 Se dice que la música es como un tesoro,
pero hay cantantes que cantan peor que un loro.

৪৩

1869 La valentía sin talento
al final se evapora como el agua y el aliento.

৪৩

1870 Los ejercicios mentales
sirven para fortalecer el alma
y apartar muchos males corporales.

৪৩

1871 Todo aquel que sabe y no actúa,
es como el que tiene guitarra y no tiene dedos ni púa.

৪৩

1872 No se puede hacer tanta filosofía
si no se repite algo cada día.

৪৩

1873 Solo hay imposible lo que no se hace,
por lo demás carece de sentido esa frase.

৪৩

1874 El bromista que no le gusta admitir bromas,
antes de decir las suyas... primero que se las coma.

৪৩

¹⁸⁷⁵ Come lo justo y bebe suficiente
y tus órganos trabajarán eficientes.

෨෬

¹⁸⁷⁶ Si no quieres hacerte prematuramente viejo
borra algunas de tus ilusiones y no tengas tantos complejos.

෨෬

¹⁸⁷⁷ La rutina es el alma de cada día,
sin la rutina poco se conseguiría.

෨෬

¹⁸⁷⁸ Si quieres mejorar tu vida, no te lo tomes a guasa,
y aprovecha el tiempo... que como viene pasa.

෨෬

¹⁸⁷⁹ El mejor amigo
es aquel que te presta sin fianza ni testigo.

෨෬

¹⁸⁸⁰ Hablando mucho puede venir la alarma,
callando puede venir la paz a tu alma.

෨෬

¹⁸⁸¹ Es otro tipo de drama
no poder dormir a gusto teniendo una excelente cama.

෨෬

¹⁸⁸² El labrador que no madruga,
ni atiende bien su ganado, ni engancha a tiempo la yuga.

෨෬

¹⁸⁸³ A partir del cuarto creciente
la luna se deja ver guapa y ardiente.

෨෬

1884 Hay quien ignora lo que sabe,
por quererle dar otro giro a lo que en su cabeza no cabe.

೩೦೦೩

1885 La solución a los grandes problemas no está en resolverlos,
sino en evitarlos.

೩೦೦೩

1886 El exceso de velocidad en el camino
deja sin llegar a muchos a su destino.

೩೦೦೩

1887 Mal parado sale
aquel que prometía mucho... y luego poco vale.

೩೦೦೩

1888 Serán muchos menos los atentados
si no lleváis la guerra a los indefensos y desamparados.

೩೦೦೩

1889 Hay quien ve la luz con los ojos cerrados,
otros que los tienen abiertos y no ven ni al que tienen al lado.

೩೦೦೩

1890 Antes de detectar el mal ajeno,
piensa que tampoco tú eres tan bueno.

೩೦೦೩

1891 Si los hombres tuviéramos la mitad
de la estabilidad que tienen los animales,
no nos veríamos muchas veces enredados entre los zarzales.

೩೦೦೩

1892 Antes de iniciar una gran obra
visualizarás algunos muros por delante,

no tengas miedo a afrontarla
y sabrás hasta dónde llega tu talante.

෨෬

1893 La perseverancia puede ser la mejor arma de tu fortaleza.

෨෬

1894 El desengaño es una de las mejores fórmulas
para empezar a aprender.

෨෬

1895 Mis escritos son sencillos y evidentes,
por eso quien me critica lo hace siempre prudente.

෨෬

1896 No le preguntes nunca a un político
qué le ha parecido el discurso de su oponente,
que siempre te contestará... deprimido e irreverente.

෨෬

1897 En este mundo casi siempre estamos negociando,
por eso algunos se enriquecen y otros se van quebrando.

෨෬

1898 Cuando se habla mucho de paz es porque ronda la guerra
y el ciudadano se queja de lo que el futuro encierra.

෨෬

1899 Quien tiene mucho y poco gasta,
no necesita venderlo, ni sacarlo a subasta.

෨෬

1900 Quien olvida un buen desayuno por una copiosa comida,
no tiene la lección culinaria bien aprendida.

෨෬

1901 A Dios se le busca rezando,
pero solo se le puede encontrar ayudando.

෫෬

1902 El miedo es una especie de precaución ante la inseguridad.

෫෬

1903 Si no te gusta tu vida, y quieres una más movida y errante,
ponte a caminar y carga
con todo lo que se te ponga por delante.

෫෬

1904 La valentía es la fuerza del optimismo,
la cobardía, la decadencia del pesimismo.

෫෬

1905 El optimismo y la valentía, te pueden llevar al destino,
con la cobardía, no inicias ni el camino.

෫෬

1906 Si mañana no quieres usar tanta medicina,
no hagas hoy abuso de la cocina.

෫෬

1907 Las limitaciones debían de ser solo para lo malo,
incluida la guerra
porque a nadie le gusta que lo entierren
tan pronto bajo tierra.

෫෬

1908 En nuestro país hace falta mucha limpieza,
empezando por los montes
para que no se quemen con tanta ligereza.

෫෬

1909 Hablar ahora por teléfono se ha convertido en una bicoca,
pero al final con tanta telefonía mucha gente se volverá loca.

≈≈≈

1910 Quién no distribuya el exceso de abundancia,
ni le aprovechará, ni le cabrá en la panza.

≈≈≈

1911 Para nada es positiva la violencia,
porque forma parte del desastre y la decadencia.

≈≈≈

1912 Para listas las hormigas,
que recogen en verano
para no pasar en invierno ni hambre ni fatiga.

≈≈≈

1913 No abuses de la fragilidad de tu enemigo,
que él encontrará sus métodos para batirse luego contigo.

≈≈≈

1914 La juventud es como el diamante,
hasta que no se pule, ni brilla mucho ni es muy elegante.

≈≈≈

1915 Hay mucha gente que no necesita estudiar música
para dar la nota de vez en cuando.

≈≈≈

1916 La salud y el amor,
del hogar ahuyentan el dolor.

≈≈≈

1917 La música es un conjunto de sonidos organizado,
de ahí que haya tantos sujetos por ella embelesados.

≈≈≈

¹⁹¹⁸ Si no fuera que todo es una cadena,
algunos se adjudicarían todo el mérito sin soltarse la melena.

෨෨

¹⁹¹⁹ Cada día suelo escribir una o dos hojas,
y es que a mí la escritura... me apasiona y nunca me enoja.

෨෨

¹⁹²⁰ La mejor persona
es aquella que dona y más perdona.

෨෨

¹⁹²¹ El que se levanta temprano y se acuesta tarde,
de su cuerpo hace mal alarde.

෨෨

¹⁹²² No soy solo tu can, soy también tu mejor amigo,
no me abandones que defenderé
tu casa, tu hacienda y tu trigo.

෨෨

¹⁹²³ La locura de amor se quita con el tiempo,
la locura del dinero siempre está en el pensamiento.

෨෨

¹⁹²⁴ Quien en la infancia se cultiva
en la madurez pasará menos apuros y fatiga.

෨෨

¹⁹²⁵ Sueña cuando estés despierto,
y no hagas proyectos cuando te dé sueño.

෨෨

¹⁹²⁶ La vida puede ser para ti un tesoro,
si amas lo de tu alrededor y no codicias tanto el oro.

෨෨

1927 Procura vivir a gusto donde vives,
no quieras soñar paraísos que ni siquiera percibes.

෨෬

1928 Tendrás paz y grandeza,
si respetas a tus seres, incluida la naturaleza.

෨෬

1929 Cuando escribo no me gusta ser tremendista,
porque, como la gran velocidad,
es el primer paso para salirse de la pista.

෨෬

1930 Reviento si no te lo digo: no soy tu enemigo...
pero no quiero que seas mi amigo.

෨෬

1931 Dolor en el cuerpo significa aviso,
y llegar a la cirugía, mal guiso.

෨෬

1932 Si después de comer no quieres verte dormido u dormida,
no te sientes y pasea la comida.

෨෬

1933 El exceso de poder y el orgullo,
al final dan con los huesos de muchos en el trullo.

෨෬

1934 La inquietud y la avaricia,
restan al hombre felicidad y justicia.

෨෬

1935 Hacen más daño cuatro falsos truhanes,
que una invasión de alacranes.

෨෬

1936 Cuando la bandera se mueve mucho y ondea...
si el pueblo no está de fiesta, la cosa esta fea.

෨ඏ

1937 El número doce se presta a caricias y roces,
el número trece al supersticioso obedece.

෨ඏ

1938 En la raza humana somos todos iguales,
y al mismo tiempo diferentes,
cuando a unos le pica el trasero otros se rascan la frente.

෨ඏ

1939 Mi padre fue labrador, mi madre hacía otras cosas,
yo nací en un trigal, entre amapolas y rosas.

෨ඏ

1940 Me han invitado a beber horchata
¡Dios mío, qué cosa más dulce, rica y barata!

෨ඏ

1941 La buena educación
evita disgustos y muchas veces sanción.

෨ඏ

1942 El político casi siempre está metiendo cizaña
y con sus palabras al pueblo confunde y engaña.

෨ඏ

1943 No te librarás nunca de truhanes ni villanos,
mientras haya muchos que solo piensen
que somos una sociedad y no un conjunto de hermanos.

෨ඏ

1944 El tiempo pasado no es de nadie, el presente es de todos,
por eso yo, como puedo, en él vivo y me acomodo.

ഔരു

1945 A la paz y al alma,
le sobran la guerra y las armas.

ഔരു

1946 A todos nos gusta dar de cuando en cuando lecciones,
pero no nos gusta recibir las de otros
en las mismas condiciones.

ഔരു

1947 Yo no me invento nada, aunque nunca está todo inventado,
pero si no plasmo aquí lo que sé, al final ira para el excusado.

ഔരു

1948 Hay quien no ha estudiado nada, ni sabe mucho,
pero es capaz de criticar hasta al más listo y ducho.

ഔരു

1949 No te quejes si antes comías mucho
y ahora te han puesto a dieta,
que eso es mucho mejor
que ver al cirujano cortando con su lanceta.

ഔരു

1950 Si quieres un día tener un poco más de consuelo
cuando veas a uno tirado
échale una mano y levántalo del suelo.

ഔരു

1951 Quien dice mucho y piensa poco,
puede estar al borde de volverse loco.

ഔരു

1952   La fe solo tiene la consistencia y fuerza que le dé cada uno,
porque no te sirve ni de comida, ni de desayuno.

ഭാരു

1953   Divulga lo que crees que es bueno,
y no solo lo que te apetece,
porque lo que tú ves con buenos ojos
a otros le pueden parecer sandeces.

ഭാരു

1954   Nunca me había imaginado que hubiera tantos libros escritos,
pues se dice que hay más que en Europa pajaritos.

ഭാരു

1955   Todo cabe en el mundo, incluidos miles de consejos,
que no son cosa de jóvenes, para eso están los viejos.

ഭാരു

1956   Entre golpes y rezos y otras pesadillas,
medio mundo está por los suelos o hincado de rodillas.

ഭാരു

1957   He nacido en Sevilla, pero me engendraron en Extremadura,
por eso de dónde soy siempre me queda la duda.

ഭാരു

1958   Quien quiere repicar las campanas
y al mismo tiempo estar en la procesión...
mejor es que ponga más orden en su vida
y preste un poco más de atención.

ഭാരു

1959   Para educar el cuerpo, hay que empezar por la mente,
eso sirve tanto para delicados como para exigentes.

ഭാരു

1960 He visto salir muchas veces el sol, pero nunca sale para todos,
porque unos están por encima de las nubes
y otros enterrados en el lodo.

෨෬

1961 No le pongas barreras a tus condiciones,
que se sale mejor adelante si aprovechas bien tus ocasiones.

෨෬

1962 Yo defiendo a las madres en todas sus facetas,
porque nos han criado con ese líquido divino
que emana de sus tetas.

෨෬

1963 Pongamos especial cuidado
con los traspiés y las imprudencias,
que un paso en falso puede terminar con toda una existencia.

෨෬

1964 La soledad aumenta los pensamientos,
si son positivos te suben a una nube,
si son negativos te pesan más que un bloque de cemento.

෨෬

1965 La envidia y la maldad
son el primer paso para convertir al hombre en una calamidad.

෨෬

1966 El dinero y las vacaciones,
ponen nuestras hormonas en óptimas condiciones.

෨෬

1967 Quien se preocupa porque vayan bien tus amores,
también sufre con tus dolores.

෨෬

1968 El derecho a morir no existe,
lo que pasa es que a la muerte nadie se resiste.

෯෮

1969 El gran talento no viene por la inteligencia,
si no por aprovechar bien cada día de tu existencia.

෯෮

1970 La remisión y el sosiego
evitan al hombre malestar y trasiego.

෯෮

1971 ¡Cuántas veces por complacer a otros tienes que dejar a un
lado cosas que son de tu sumo agrado!

෯෮

1972 No se pueden hacer las cosas a lo valiente o con avaricia,
se necesita dedicación, paciencia y justicia.

෯෮

1973 Cabo suelto
ni manda tropa, ni obedece a sargento.

෯෮

1974 No leas tanto y asimílalo más
y tu vida te lo agradecerá.

෯෮

1975 Quienes mucho se arrodillan y se humillan,
se encorvan y se le pelan las rodillas.

෯෮

1976 Hay quien hasta de lejos te saluda,
luego si te ve en apuros ni se para ni te ayuda.

෯෮

1977 Quienes reparten apresuradamente sus bienes
sus años posteriores no previenen.

෨ඟ

1978 Si no temes no reces
que el rezo a eso obedece.

෨ඟ

1979 Cuando tengo vino,
de la bota empino y a conducir no atino.

෨ඟ

1980 Lee mucho y asimila poco...
y llevarás una vida acelerada como un loco.

෨ඟ

1981 El miedo puede ser una cobardía,
y la valentía un paso adelante hacia lo desconocido.

෨ඟ

1982 El futuro no existe,
eso tenemos que tenerlo siempre presente.

෨ඟ

1983 Quien rehúye o se aparta de su trabajo,
al final, su capital o hacienda se le irá al carajo.

෨ඟ

1984 Si haces una cruel faena vuélvete arrepentido,
vale más parecer cobarde que verse toda la vida perdido.

෨ඟ

1985 Yo no sé de dónde es originario el olivo,
pero el aceite de su fruto exquisitamente percibo.

෨ඟ

1986 La tentación siempre está presente,
de ahí que haya tanto pecador y tanto delincuente.

꧁꧂

1987 ¡Maldita tierra, bendita tierra!
Todo lo cría, todo lo entierra.

꧁꧂

1988 Cuando se habla menos y se hace más,
las cosas van adelante y no para atrás.

꧁꧂

1989 Deja al gobierno que gobierne y al cura con su misa,
y tú atiende al cliente, antes de que te meta prisa.

꧁꧂

1990 El armamento debería tener mejor destino,
fabricado y enterrado, quedaría divino.

꧁꧂

1991 A los que tiran bombas y luego las explotan,
tarde o temprano en su casa les rebotan.

꧁꧂

1992 El pan es un puñetero,
casi nunca llega a casa entero.

꧁꧂

1993 La sabiduría está en los ancianos,
no en los que te dan la espalda
y luego quieren tenderte la mano.

꧁꧂

1994 No eres buen peregrino,
si no haces amigos por el camino.

꧁꧂

1995 A la hora de la comida me tomo mi copita de vino,
no está bendecida como la del sacerdote,
pero a mí me sabe divino.

෨෬

1996 Soy echadora de cartas, pero no adivina;
tú me pones en la pista y yo te saco la gallina.

෨෬

1997 Si te jubilas, no te amilanes y pasa a otra vida activa,
la vida no tiene mucho sentido si no hay nuevas perspectivas.

෨෬

1998 Los refranes populares
llenan de sabiduría a pueblos y hogares.

෨෬

1999 Si en algún refranillo me he repetido,
será más difícil echarlo en olvido.

෨෬

2000 Mi más sincero agradecimiento
para todos los que han colaborado
y para los lectores
que, de leerlo, no se han cansado.

෨ F I N ෬

La mentira de vivir. Soñar es un arte peligroso.
Tontxi Aguilera
978-84-19227-38-6 narrativa 258 págs. 19,00 €

A ciegas. Mikel López Etcheverría.
987-84-19227-37-9 novela 244 págs. 19,00 €

El voto nulo. Mª Pilar Cuartero
978-84-19227-36-2 novela 256 págs. 19,00 €

Lea la hierba. José Joaquín Rodríguez Lara
978-84-19227-35-5 novela 132 págs. 16,00 €

Una luz en el espigón. Kepa Torrealdea
978-84-19227-34-8 novela 316 págs. 19,00 €

Tala Films. Guiones lekeitianos. Arriola Arana, J. M.
978-84-19227-33-1 NOVELA 332 págs. 19,00 €

Aventuras en autocaravana: Aquellos años de la marea naranja en el Tour de Francia.
Bargos Cucó, Alberto.
978-84-19227-32-4 NARRATIVA 212 págs. 18,00 €

2025 El algoritmo del Big Brother. Gabiña, Juanjo.
978-84-19227-31-7 NOVELA 352 págs. 25,00 €

Freud y Einstein no van a la guerra. Markez, Iñaki.
978-84-19227-30-0 ENSAYO 256 págs. 25,00 €

Rescoldos de la vida. Villota Elejalde, Ignacio.
978-84-19227-29-4 NARRATIVA 212 págs. 27,00 €

Relatados. Ficciones en pareja.
Cobos, Ana; Sabogal, Héctor.
978-84-19227-28-7 RELATOS 168 págs. 15,00 €

Ecos del alma. Galán, Andrés.
978-84-19227-17-1 POESÍA 152 págs. 15,00 €

Crónica de 30 años en primera línea: ETA, Euskadi y el mundo. Raso, Fidel.
978-84-19227-14-0 ENSAYO 336 págs. 27,00 €

Discursos que han hecho historia.
Arana, José Ramón.
978-84-19227-13-3 ENSAYO 316 págs. 27,00 €

1489. El mapa vasco del Nuevo Mundo. Gabiña, J.
978-84-19227-12-6 NOVELA 344 págs. 25,00 €

Dos más dos son diez. Las palabras que cuentan.
Irizar, Lierni; Liberman, Arnoldo.
978-84-19227-11-9 ENSAYO 504 págs. 29,00 €

Versos desdoblados. Sancho Barros, José Luis.
978-84-19227-10-2 POESÍA 88 págs. 13,00 €

Bilbao. Un paseo en acuarela. Ciordia, Elena.
978-84-19227-09-6 ENSAYO 68 págs. 20,00 €

Cualquier enamorado es un adolescente. Latatu, I.
978-84-19227-08-9 POESÍA 80 págs. 12,00 €

Cuido una planta bella que ama y busca la sombra.
XIV PREMIO DE POESÍA BLAS DE OTERO-ÁNGELA FIGUERA DE LA VILLA DE BILBAO. Crespo, Ramón.
978-84-19227-07-2 POESÍA 68 págs. 10,00 €

Agustín Bilbao. Dibujo I. Bilbao, Agustín.
978-84-19227-06-5 ENSAYO 212 págs. 29,00 €

Salburua. Un año en la vida de los humedales.
Frías Sáez, José Javier.
978-84-19227-04-1 ENSAYO 200 págs. 30,00 €

Escondite divino: la muerte. Palacios, Miren E.
978-84-19227-03-4 ENSAYO 112 págs. 14,50 €

¡Vamos de excursión! Revert Godoy, Olaia.
978-84-19227-02-7 LEC. FÁCIL 60 págs. 12,50 €

El resurgir de la llama. Gete, Víctor Manuel.
978-84-19227-01-0 NOVELA 352 págs. 17,00 €

Relatos en alfabeto. Cobos, Ana.
978-84-17634-99-5 RELATOS 122 págs. 13,00 €

Bajo las alas de mi vuelo. Álvarez García, Marian.
978-84-17634-96-4 POESÍA 180 págs. 14,50 €

La mágica aventura de Alaia. Un cuento sobre mitología vasca. Sebastián, Isabel.
978-84-17634-90-2 CUENTOS 52 págs. 14,50 €

Bilbao. Avatares de la historia. Cava Mesa, M. Jesús.
978-84-17634-89-6 ENSAYO 400 págs. 20,00 €

El misterio del libro escondido. Rara avis liber.
Amigo, María Luisa.
978-84-17634-87-2 CUENTOS 152 págs. 10,00 €

Baskonia. Una solución al problema del nombre del país de los baskos. Azkoaga, Iñaki.
978-84-17634-86-5 ENSAYO 216 págs. 19,00 €

Si al menos no lloviera. Galán, Andrés.
978-84-17634-85-8 NOVELA 290 págs. 17,00 €

El adiós solo eco. Cuartero, María Pilar.
978-84-17634-84-1 NOVELA 312 págs. 17,00 €

Los más grandes tenores de ópera. Dentici, Nino.
978-84-17634-83-4 ENSAYO 338 págs. 20,00 €

La bandera arriada. García Hoyuelos, Juan Carlos.
978-84-17634-82-7 POESÍA 224 págs. 12,00 €

Mi refranero te tiene atrapado (vol. II).
Manso, Gabriel.
978-84-17634-81-0 NARRATIVA 296 págs. 14,50 €

La magia que hay en ti. Trouillhet Arana, Haizea.
978-84-17634-80-3 NOVELA 204 págs. 15,00 €

Los amores ingenuos. Ameztoy, Begoña.
978-84-17634-79-7 NOVELA 282 págs. 17,00 €